장영실과
갈릴레오 갈릴레이

나란히 보는 두 과학자 이야기

글 윤영선, 김슬옹 | 그림 정수

숨쉬는
책공장

나란히 보는 두 과학자 이야기
장영실과 갈릴레오 갈릴레이

ⓒ 윤영선, 김슬옹, 정수 2018

발행일 초판 1쇄 2018년 7월 16일
　　　 3쇄 2021년 4월 23일

글 윤영선, 김슬옹

그림 정수

펴낸이 김경미

편집 정유진

디자인 이진미

펴낸곳 숨쉬는책공장

등록번호 제2018-000085호

주소 서울시 은평구 갈현로25길 5-10 A동 201호(03324)

전화 070-8833-3170 팩스 02-3144-3109

전자우편 sumbook2014@gmail.com

페이스북 / soombook2014 트위터 @soombook

*도움을 주신 김선웅 선생님께 감사드립니다.

값 13,000원

ISBN 979-11-86452-31-8 74990

ISBN 979-11-86452-23-3 (세트) 74990

* 잘못된 책은 구입한 서점에서 바꿔 드립니다.

이 도서의 국립중앙도서관 출판시도서목록(CIP)은
서지정보유통지원시스템 홈페이지(http://seoji.nl.go.kr)와
국가자료공동목록시스템(http://www.nl.go.kr/kolisnet)에서
이용하실 수 있습니다.(CIP제어번호: CIP2018021018)

장영실과
나란히 보는 두 과학자 이야기
갈릴레오 갈릴레이

글 윤영선, 김슬옹 | 그림 정수

숨쉬는 책공장

글쓴이의 말

우리는 세종을 만나는 길에 장영실을 만났다. 세종은 나라를 잘 다스리기 위해 하늘의 별을 알아야 했고 물과 불과 바람과 땅과 쇠 등 세상의 모든 것을 제대로 알아야 했다. 세종은 왕이었고 과학자였지만 그 많은 것을 혼자 할 수는 없었다. 세종 곁에는 장영실이 그림자처럼 있었다.

세상은 관노 출신인 장영실을 우습게 여겼지만 세종은 장영실을 하늘 아래 똑같은 백성이요, 재주 많은 인재로 생각했다. 하늘은 모든 사람에게 평등한 하늘이었다.

우리는 어렸을 때부터 세종을 만났고, 장영실을 만났듯이 갈릴레이를 만나게 되었다. 갈릴레이는 우리 한반도와 비슷하게 생긴 이탈리아반도에서 세종과 장영실보다 100여 년 뒤에 태어났다. 갈릴레이는 장영실만큼 불우한 처지는 아니었지만 어려운 환경에서 열심히 노력한 수학자이면서 과학자였다. 더욱이 장영실처럼 하늘의 별을 좋아했다.

　서양의 과학자 갈릴레이와 동양의 과학자 장영실은 서로 다른 나라, 서로 다른 시대에서 살았지만 닮은 점이 아주 많았다. 우리는 두 사람을 더 깊이 제대로 알기를 바라는 마음으로 이 책을 내게 되었다. 장영실을 통해 갈릴레이를, 갈릴레이를 통해 장영실을 나란히 알아보자.

　2018년은 세종이 왕좌에 오른 지 600년이 되는 해이다. 태종은 장영실의 재주를 알아보고 나라의 인재로 키웠고 세종은 장영실에게 큰 벼슬을 주어 사람답게 살게 했고 큰 과학자로 재능을 펼치게 했다. 이 땅에 장영실 같은, 갈릴레이 같은, 세종 같은 큰 인재가 많이 나오길 기원한다.

글쓴이　윤영선, 김슬옹

글쓴이의 말

시작하며

1장 두 과학자의 출생과 성장 012

장영실

1. 관기의 아들 장영실

2. 관노가 된 어린 장영실

3. 동래 관청의 맥가이버

4. 운명아, 나를 따르라

갈릴레오 갈릴레이

1. 음악가의 아들

2. 수학과 교수 갈릴레오 갈릴레이

2장 신의 세상에서 인간의 세상으로 030

1. 세상의 중심

2. 갈릴레이의 낙하 실험

3. 낙하 실험의 진실

4. 토리첼리의 진공

5. 만약 진공이라면

3장 발명으로 편리한 생활　　　　　　　042

　　1. 위대한 두 발명가

　　2. 장영실의 나라, 발명의 조선

　　3. 측우기 발명과 농사 혁명

　　4. 박연을 도와 악기를 만든 장영실

　　5. 발명왕 갈릴레이

4장 시계 발명으로 달라진 세상　　　　058

　　1. 시계의 탄생

　　2. 조선 시대 시간 읽기

　　3. 돈에 새겨진 과학

　　4. 시간 문화를 창조한 장영실

　　5. 놀랍고 반가운 시계 발명

　　6. 시계 발명은 농업 혁명의 길

　　7. 시계의 종류와 역사

5장 하늘을 꿰뚫어 본 두 과학자   078

   1. 하늘을 보는 장영실

   2. 별을 보는 갈릴레이

6장 두 과학자를 도와준 사람들   104

   1. 장영실을 도와준 사람들

   2. 갈릴레이를 도와준 사람들

7장 두 과학자의 시련과 영광   112

   1. 장영실의 시련

   2. 재판받는 갈릴레이

   3. 장영실 시대의 서양, 갈릴레이 시대의 조선

   4. 마지막 날들

8장 과학, 말하고 쓰기   126

시작하며

한반도의 장영실,
이탈리아반도의 갈릴레오 갈릴레이

장영실은 1400년대 조선에서 활동한 과학자이고, 갈릴레오 갈릴레이(Galilei, Galileo)는 1500년대 후반 이탈리아에서 활동한 과학자다. 장영실이 갈릴레이보다 100년 이상 앞서 태어나고 활동한 것을 알 수 있다.

두 과학자는 하늘의 별을 통해 자연의 원리를 파악하려고 노력했다. 시간과 시계의 소중함을 드러낸 과학자들이다. 장영실과 갈릴레이는 반도 사람이라는 공통점이 있다. 반도는 삼면이 바다로 둘러싸이고 한 면은 육지로 이어진 땅인데, 대륙에서 바다 쪽으로 좁다랗게 뻗은 육지를 말한다. 동해, 서해, 남해로 둘러싸인 한반도의 장영실과 긴 장화처럼 생긴 이탈리아반도의 갈릴레이는 태어난 시대는 다르지만 둘 다 하늘을 꿰뚫어 본 과학자라고 할 수 있다.

장영실과 갈릴레이는 태어난 시대가 서로 다르다. 그때가 지금처럼 비행기가 휙휙 날아다니고 인터넷으로 전 세계가 연결된 사회라 해도, 둘은 만나거나 이메일을 주고받지 못했을 만큼 아주 다른 시대에서 살았다. 장영실이 언제쯤 죽었는지 알 수는 없지만, 대략 짐작해 보아도 장영실이 죽고 한참 뒤에 이탈리아에서 갈릴레이가 태어났다. 그럼에도 불구하고 두 과학자를 나란히 보는 이유는 아주 이른 시기에 하늘의 별을 보고 연구하는 과학자였다는 공통점이 있기 때문이다.

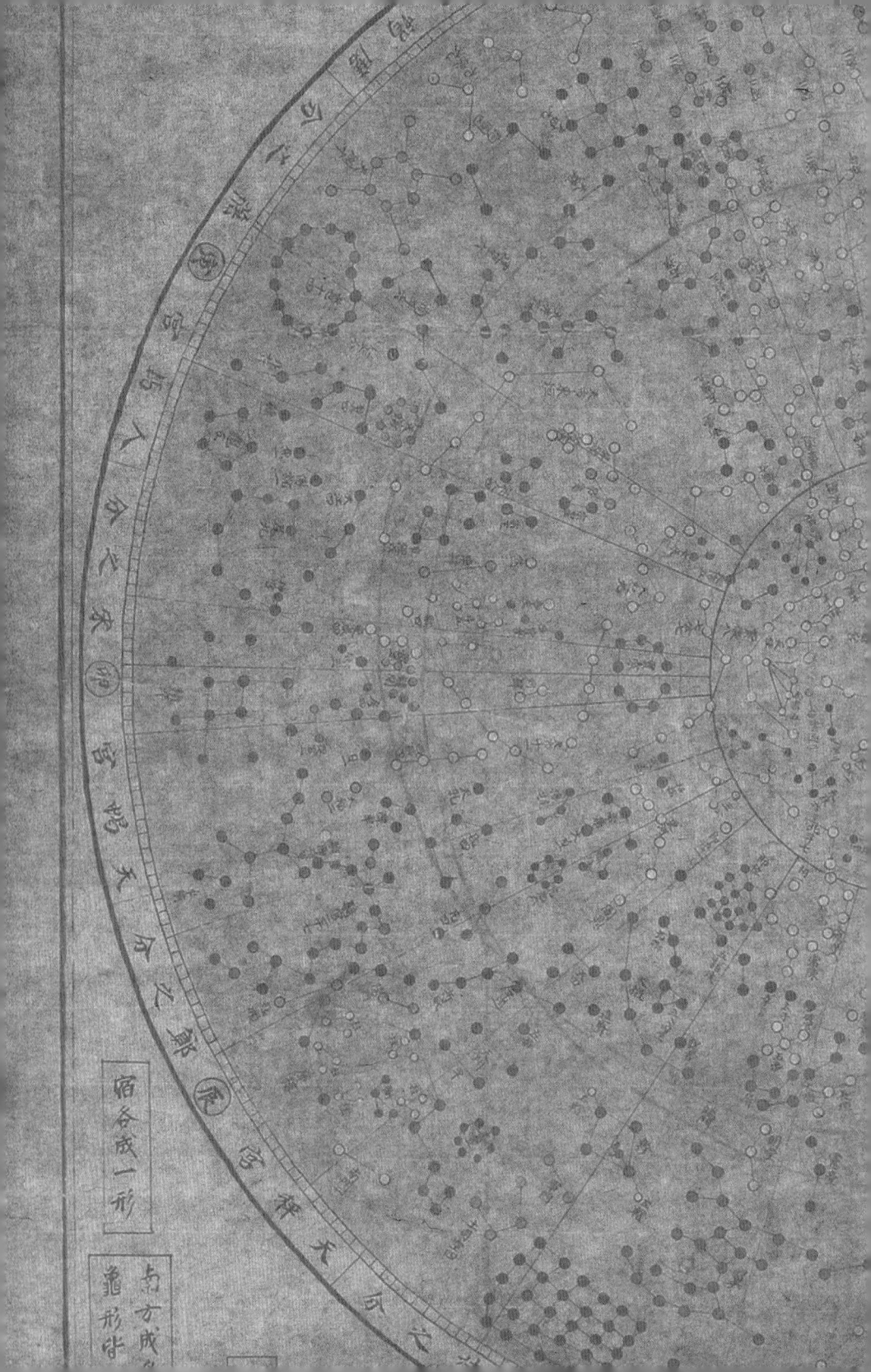

1장

두 과학자의 출생과 성장

장영실

1. 관기의 아들 장영실

장영실이 태어난 해는 정확하게 알려지지 않지만 연대로 따져 볼 때 고려 말일 가능성이 크다. 고려에서 조선으로 나라가 바뀌던 어지러운 때였을 것이다. 태어난 곳은 동래로 지금의 부산이다. 부산에는 지금도 '동래구'라는 동네 이름이 남아 있다.

1400년대로 돌아가 장영실의 일기장을 엿보자.

영실의 일기   1400년 3월 2일

오늘 냇가에서 물놀이를 하다가 개똥이 놈이 던진 돌에 맞았다. 새총으로 쏘아 올린 돌멩이에 뒤통수를 정확하게 맞았다. 피가 좀 났다. 어찌나 아프던지 대낮인데도 눈앞에서 별이 뜰 수 있다는 것을 알았다. 개똥이 놈의 돌팔매는 오늘이 처음이 아니다.
개똥이 놈이 "더러운 기생의 아들놈. 에잇, 더러워." 하면서 침을 뱉었다.
눈물이 났다. 고관대작의 도련님도 아닌, 농사꾼의 아들인 개똥이가 날 더러운 놈 취급하는 것은 정말 견디기 힘들다. 자기 이름

> 이 개똥이면서 날 개똥만도 못하게 취급한다. 판서댁 도련님도 건드리지 않는 나를 개똥이 놈이 더럽다고 팔매질을 한다.
> 서럽고 또 서럽다. 나는 왜 관기의 아들인가? 나의 아버지는 누구인가? 어머니는 어찌하여 지아비도 없이 나를 낳았는가? 차라리 태어나지 말았어야 할 것을…….

장영실은 관기의 아들이었다. 관기란 관아에 소속된 기생이다. 기생은 겉보기에 화려하지만 조선 신분제로 따지면 천민 중에서도 아주 천한 계급이었다. 장영실 아버지는 누구인지 확실하게 알 수가 없다. 아버지가 무역하는 중국인이었다는 말도 있고, 양반이었다는 말도 있다. 그러나 부모 중 한 명이라도 천민이면 그 사이에 태어난 자식은 천민이다. 장영실은 천민 운명을 피할 수 없었던 셈이다.

2. 관노가 된 어린 장영실

장영실은 천민이었지만 어머니에게 글을 배웠다. 어려서부터 총명하고 손재주가 남다르기로 유명했다. 하지만 10세가 되자 조선 시대 신분 제도에 따라 관청의 노비가 되는 운명은 피할 수 없었다.

'어린 나이에 관청 허드렛일을 하는 노예가 되다니.'

동네 사람들은 영특한 장영실이 관노가 되는 것을 무척 안타까워하고 슬퍼했다.

관노란?

관노, 혹은 관노비란 무엇일까? 관노비는 고려와 조선 시대에 있었던 지방 관청에 소속된 노비이다. 노비란 다른 말로 종, 노예이다. 옛날엔 개인에 소속된 노비와 관청에 소속된 노비가 있었는데, 개인에 소속되면 사노비, 관청에 소속되면 관노비라고 했다. 노비는 인간으로서의 최소한의 존엄성도 존중받지 못하고 물건처럼 취급되었다. 인간은 모두 평등한데, 참 불공평한 일이다. 우리나라 노비 제도는 1894년 갑오개혁 후에 폐지되었다.

3. 동래 관청의 맥가이버

예전에 '맥가이버'라는 미국 드라마가 있었다. 주인공 맥가이버는 위급한 상황에서 주변 사물을 이용해 무엇이든 뚝딱 만들어 냈다. 맥가이버의 별명은 '맨손의 마법사'였는데 우리나라에도 맥가이버 뺨치는 맨손의 마법사가 있었다. 바로 동래 관청의 맥가이버, 장영실이다. 장영실이 맨손의 마법사로 활약한 그때로 한번 돌아가 보자.

동래 사또 이제 곧 둘째 아이의 혼례니 준비를 서두르도록 하시오.

사또 마님 예, 안 그래도 오늘 비단 몇 필을 사려고 합니다. 중국에서 온 좋은 물건이 있어서 방물장수가 오늘 들른다 했습니다.

동래 사또 그래요. 섭섭지 않게 잘 준비하세요.

사또 마님 예, 나리.

(사또가 방을 나간다.)

사또 마님 (반닫이* 열쇠 구멍에 열쇠를 넣으며) 오늘은 그간 꽁꽁 숨겨 두었던 금송아지를 꺼내 봐야겠구나.

(사또 마님이 반닫이 열쇠를 돌리자 열쇠가 툭, 부러진다.)

에구, 이게 무슨 일이람. 이 일을 어쩌면 좋아. 밖에 아무도 없느냐?

돌석 어멈 (서둘러 들어오며) 예, 마님. 무슨 일이십니까?

사또 마님 이 일을 어찌하면 좋으냐. 이 귀한 반닫이 열쇠가 부러졌구나. 곧 방물장수가 비단을 가지고 올 터인데. 금붙이를 꺼낼 수 없으면 무슨 수로 비단 값을 치른

단 말이냐. 체면에 외상을 할 수도 없지 않느냐. 이런 낭패가 있나.

돌석 어멈 대장간에다 열쇠를 다시 만들어 달라고…….

사또 마님 그건 시일이 너무 걸린다. 천한 방물장수 앞에서 내 체면을 구겨서야 되겠느냐.

돌석 어멈 그렇다면 저, 마님. 관내에 영실이라는 손재주 좋은 아이가 있사온데, 그 아이를 한번 불러 방법을 찾아보면 어떻겠사옵니까?

사또 마님 영실이?

돌석 어멈 예, 얼마 전에 관노로 들어왔는데 어린것이 재주가 보통이 아닙니다. 저희끼리도 수선할 거리가 생기면 대장간에 가기 전에 영실이를 먼저 부릅니다.

사또 마님 그래? 하지만 아무리 신통하다 해도 어린아이의 재주가 아니더냐. 그런 어린아이에게 이 귀한 반닫이를 어찌 맡기겠느냐.

돌석 어멈 어린아이니까 그냥 한번 시켜 보십시오. 급한 마당에 밑져야 본전 아니겠습니까.

사또 마님 그래, 그럼 어디 그 아이를 한번 불러 보거라.

(어린 장영실이 반닫이의 열쇠 구멍을 들여다보고 있다.)

장영실 마님, 이건 다른 반닫이 열쇠 구멍과 조금 다르게 생겼습니다.

사또 마님 평범한 반닫이가 아니니라. 재주가 남다르신 내 외조부께서 손수 만드신 것이다. 귀중한 것이니 함부로 흠집이라도 내면 경을 칠 것이야.

장영실 예, 염려 마십시오. 열쇠는 나중에 대장간서 다시 만들면 될 터인데, 당장에 반닫이 문을 여셔야 하지요? 마님, 가체*에 꽂혀 있는 작은 꽃이 하나를 빌려 주시겠습니까?

사또 마님 비녀 말이냐?

장영실 아닙니다. 어찌 그리 귀한 것에 제가 손을 대겠습니까? 비녀 옆에 꽂은 작은 꽃이 말입니다.

(사또 마님이 비녀 옆에 꽂은 실핀처럼 작은 꽃이를 영실에게 내준다. 영실은 열쇠 홈을 한참 바라보더니 꽃이를 구부려 열쇠처럼 만들어 반닫이 문을 연다.)

장영실 열렸습니다. 마님.

사또 마님 어린것이 정녕 영특하구나.

장영실 이 꽂이는 대장간에서 말끔하게 펴서 가져다 드리겠습니다. 꽂이의 폭이 좁아 그동안 머리카락이 흘러내리셨을 터인데 이참에 그것도 고쳐 돌려 드리겠나이다.

사또 마님 아니, 그걸 어찌 알았느냐. 내 다른 아녀자들보다 머리숱이 적어 비녀도 머리꽂이도 여간 불편치 않았는데, 어린것이 단번에 알아봤구나. 영특하고 영특하구나. 네 이름이 뭐라 하였느냐?

장영실 영실이옵니다. 장영실.

낱말 사전

반닫이 앞의 위쪽 절반이 문짝으로 된 궤 모양의 도구로, 문짝을 아래로 젖히면 열 수 있다.

가체 조선 영조·정조 때에 유행하던 머리 모양. 부인들의 머리 위에 얹는 큰머리로, 중국에서 전해졌다. 정조 12년(1788년)에 조정에서 금지령을 내렸지만 오랫동안 유행했다.

4. 운명아, 나를 따르라

장영실은 관노였지만 씩씩하게 자랐다. 취미는 밤하늘 별 관찰하기였고 특기는 대장간에서 각종 공구를 만드는 것이었다. 장영실이 청년이 되면서 그 재주 또한 성숙해졌다.

동래에서 장영실이 영특하다는 입소문은 멀리 퍼져 나갔다. 그러던 어느 날 태종(조선의 세 번째 왕으로 세종의 아버지)이 관리들에게 지방 각지에서 특출한 인물을 추천하라고 했다. 이러한 추천 제도가 '도천법'이다. 도천법에 따라 동래 관청에서는 장영실을 추천했다. 그때부터 장영실은 한양 궁궐에서 일하며 살게 되었다.

시간이 흐르고 왕은 태종에서 세종으로 바뀌었다. 세종의 시대는 과학, 문화, 경제 등 나라 안의 모든 일이 골고루 발전했던 때였다. 세종은 궁궐 안의 평범한 기술자였던 장영실의 남다른 재주를 알아보았다. 장영실은 문화 군주 세종을 만나 그의 기술과 재주를 마음껏 펼칠 수 있었다.

갈릴레오 갈릴레이

1. 음악가의 아들

갈릴레이는 1564년 2월 이탈리아 피사에서 태어났다. 장영실은 이미 세상에 없는 때였다. 이때 우리나라는 조선의 18대 왕인 명종 19년으로, 우리가 잘 아는 5000원짜리 지폐에 새겨진 이율곡이 벼슬길에 오르던 해였다.

갈릴레이는 평범한 집안에서 태어났다. 아버지는 원래 음악 학원을 했는데, 먹고살기가 빠듯해지자 옷감 파는 가게를 운영했다. 넉넉하지 못한 집의 장남이었던 갈릴레이는 아버지 권유로 의대에 진학했다. 아버지는 갈릴레이가 의사가 되어 많은 돈을 벌어 집안을 일으키길 바랐고, 어려서부터 똘똘했던 갈릴레이는 의대에 어렵지 않게 합격했다. 하지만 갈릴레이는 의대가 적성에 맞지 않았다. 그는 의학보다는 수학이나 물리학에 관심이 더 많았다.

2. 수학과 교수 갈릴레오 갈릴레이

갈릴레이는 의대 졸업장을 받지 못했다. 의학 공부에는 관심이 없었고 수학 문제에만 열중했기 때문이다. 반면 갈릴레이의 수학 실력은 누구나 인정할 만큼 대단했기에 피사 대학교의 수학과 교수가 되었다. 교수가 된 지 얼마 지나지 않아 그 유명한 피사의 사탑에서 낙하 실험을 하게 되었다.

갈릴레이가 수학을 좋아해서 과학자가 되었다는 사실을 주목해야 한다. 수학은 과학의 바탕이니까. 과학 실험은 세밀하고 정확해야 하므로 탄탄한 수학 실력이 필요하다. 그리고 당시에는 과학이 수학의 한 분야였다.

수학의 힘

갈릴레이는 수학을 좋아해서 과학을 연구하게 되었다. 반면 장영실의 수학 연구에 관한 기록은 남아 있지 않지만 공동 연구자이고 후원자인 세종이 수학을 매우 중요하게 여겼다는 이야기는 전해진다. 정밀한 기계를 만들기 위해서는 정확한 계산을 해야 하니 수학이 필수였을 것이고, 장영실 또한 수학을 아주 잘했을 것이다. 수학의 장점은 뭐니 뭐니 해도 숫자를 통해 정확히 계산해 내는 것이다. 갈릴레이와 장영실 모두 수학을 이용해 여러 발명품도 만들고 과학 연구를 하지 않았을까?

장영실과 갈릴레이에 대한 잘못된 상식 짚기 퀴즈

정답

1. **장영실은 세종이 발탁해 키웠다.**

   해설 : 장영실은 태종이 발탁해서 세종이 키웠다.

2. **갈릴레이는 망원경을 처음으로 발명했다.**

   해설 : 갈릴레이가 처음 발명한 것은 아니다. 이미 발명된 것을 직접 개량해서 밤하늘을 관측했다.

3. **갈릴레이는 많은 핍박을 받았다.**

   해설 : 핍박을 받기는 했으나 아주 심하지는 않았다. 갈릴레이를 지지하는 세력도 많았다. 최종 재판 후에는 감옥에 갇힌 것이 아니라 가택 연금(집 안에 가두기)을 당했는데 이는 강한 핍박이 아니다.

4. **장영실은 왕이 발탁해 뒷받침해 주었으나 갈릴레이는 혼자 연구했다.**

   해설 : 장영실도 왕의 도움을 받았고 갈릴레이 역시 지방의 왕(영주) 토스카나 대공의 절대적 후원 속에서 연구했다. 두 과학자 모두 지지하고 도와주는 사람이 여럿 있었다.

정답

5. 장영실은 신분을 극복하기 위한 수단으로 과학을 연구했고 갈릴레이는 흥미를 느껴 과학을 시작했다.

   해설 : 장영실은 뛰어난 재능을 발휘하다 보니 신분을 극복하게 되었다. 그가 신분 극복 수단으로 과학을 한 것은 아니다.

6. 장영실은 학교에서 공부하지 못했지만, 갈릴레이는 학교 교육을 받았다.

   해설 : 장영실은 국내에서는 비록 정식 학교를 다니지 못했지만 우리나라 최초의 과학 유학생이다. 유학으로 수준 높은 교육을 받았다. 반면 갈릴레이는 의과 대학에 너끈히 합격해 정식 교육을 받았다.

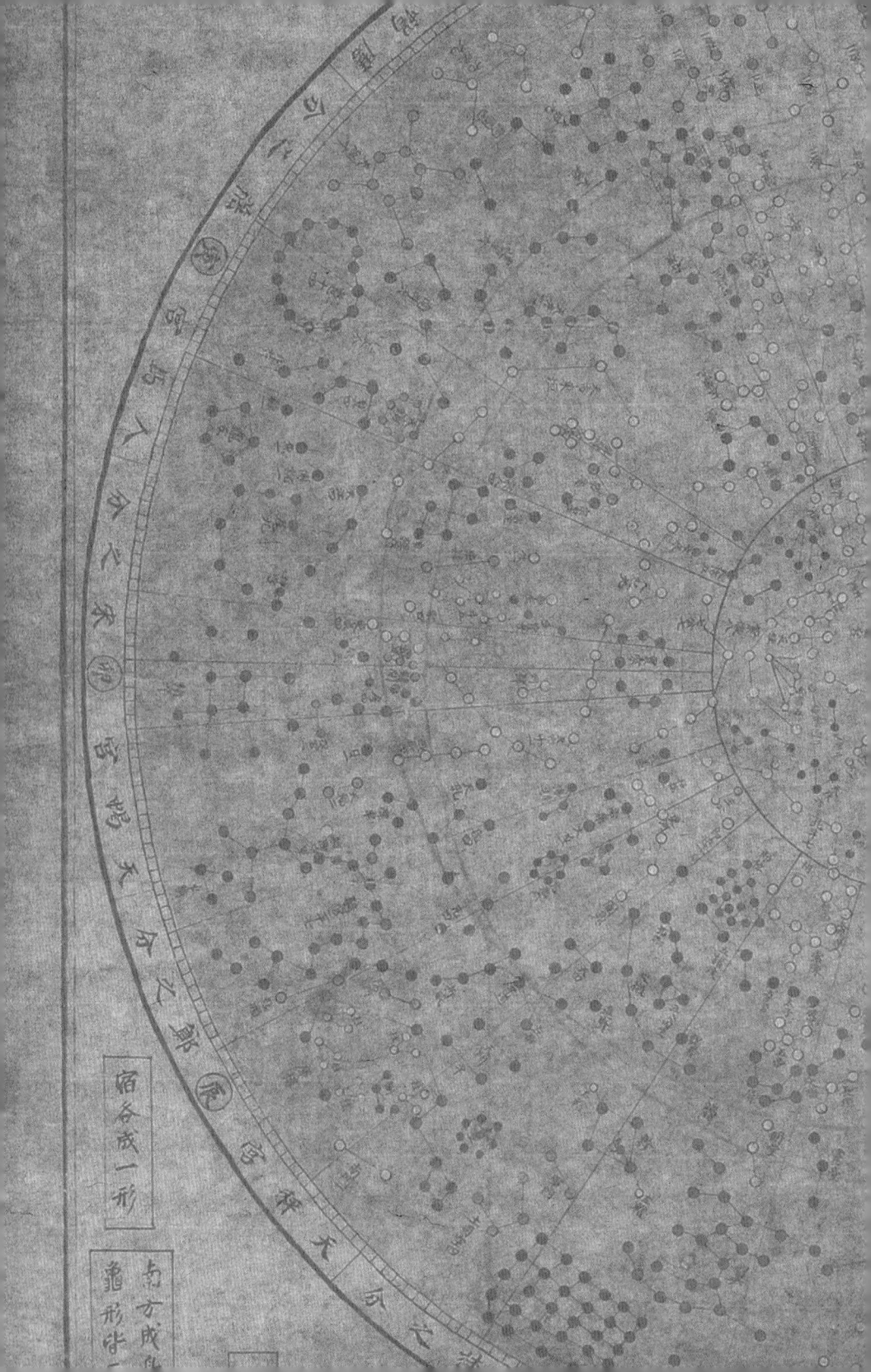

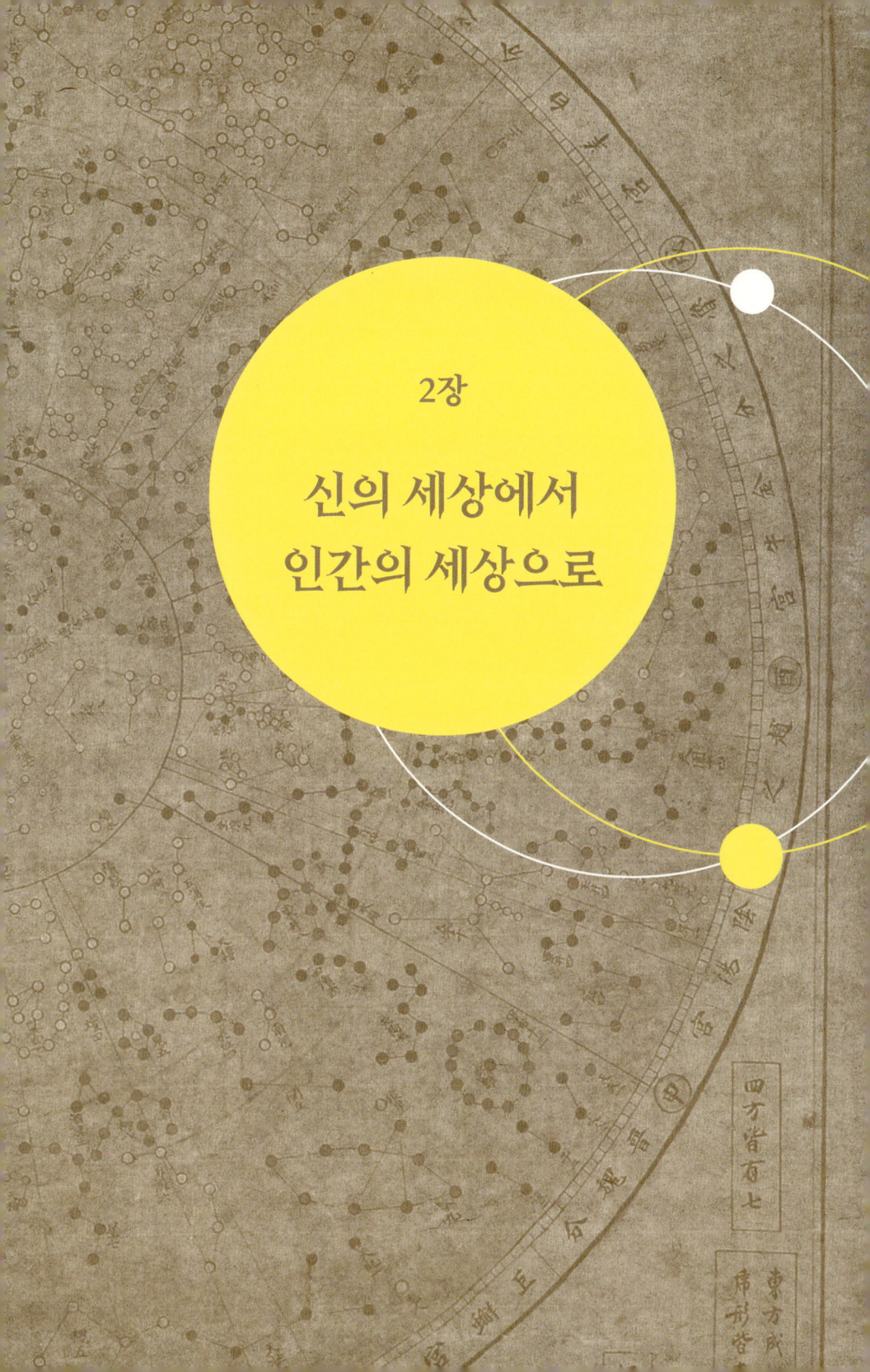

2장

신의 세상에서 인간의 세상으로

1. 세상의 중심

세상은 힘을 중심으로 돌아간다. 그러니 힘 있는 왕이 중심인 사회에서는 왕을 해치는 일이 가장 큰 죄였고, 힘 있는 신이 중심인 사회에서는 신의 뜻에 거스르는 일이 가장 큰 죄였다. 이런 논리로 보면 태양계에선 태양이 가장 힘이 세다고 할 수 있다. 더구나 태양을 중심으로 모든 행성이 움직이니 틀린 말은 아니다. 지구도 태양을 중심에 두고 돌아가고 있으니 세상의 중심은 태양이라고 할 수 있다.

갈릴레이의 과학 연구도 세상의 중심이 무엇인가에 대한 사람들의 인식에 큰 영향을 주었다. 우선 그의 여러 과학 업적을 알아보자.

진자의 성질 발견

갈릴레이는 자신이 관찰하고 발견한 진자의 성질, 즉 등시성을 이용해 사람의 맥박 빠르기를 재는 맥박계를 발명했다. 맥박계는 1607년부터 의사들이 환자를 진단하는 데 큰 도움이 되었다. 진자의 등시성은 추시계도 더 발전시켰다. 해시계, 물시계, 모래시계에 톱니바퀴와 추를 다니 더 편리하고 정확해졌다. 실험과 관찰은 과학의 기본이다. 실험과 관찰로 자연의 힘과 원리를 발견했기에 과학은 발전할 수 있었다.

갈릴레이의 노트

램프가 흔들리는 모습은 그 폭에 관계없이 왕복하는 데 걸리는 시간이 일정하다. 나는 내 맥박으로 램프가 흔들리는 왕복 시간을 측정해 보았다. 램프를 진자라고 생각할 때, 진자가 한 번 왕복하는 데 걸리는 시간은 흔들리는 폭에 상관없이 항상 일정하다. 그 시간이 진자의 길이와 관련이 있다는 것을 알아냈다. 진자의 길이가 길면 길수록 진자가 한 번 왕복하는 데 걸리는 시간, 즉 주기도 길어졌다. 일단 이것을 진자의 등시성이라고 하자.

내가 대단한 것을 발견한 것 같아. 오! 신이여, 과학이 내게로 온 것입니까? 아니면 신께서 숨겨 둔 과학을 제가 찾은 것입니까?

진자의 등시성이란?

'진자'란 줄 끝에 추를 매달아 좌우로 왔다 갔다 하게 만든 물체다. 이 진자가 한 번 왕복하는 데 걸리는 시간이 흔들리는 폭에 관계없이 일정한 성질을 '등시성'이라고 한다. 진자의 등시성을 처음 발견한 사람은 갈릴레이다. 그때 갈릴레이는 19세였다.

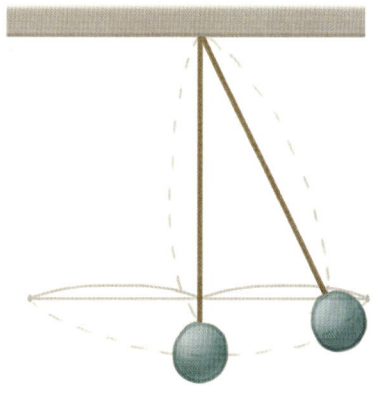

2. 갈릴레이의 낙하 실험

갈릴레이는 피사의 사탑에서 낙하 실험을 했다. 우리도 이탈리아의 피사로 떠나서 그 실험을 재현해 볼까? 사실 이건 아주 간단한 실험이기 때문에 집에서도 할 수 있다.

✷ **실험 기구 및 재료**
단면적이 같은 종이와 널빤지

✷ **실험 방법**
1) 종이와 널빤지를 양손에 들고 동시에 떨어뜨리면 어느 것이 먼저 떨어지는지 살핀다.
2) 종이 위에 널빤지를 올린 상태로 떨어뜨리면 어느 것이 먼저 떨어지는지 살핀다.
3) 널빤지 위에 종이를 올린 상태로 떨어뜨리면 어느 것이 먼저 떨어지는지 살핀다.

✷ **낙하에 대한 실험과 관찰, 생각의 결과**

과학자	주요 내용
아리스토텔레스	떨어지는 물체는 물체의 무게에 따라 떨어지는 속도가 다르다. 즉 무거운 것이 가벼운 것보다 무거운 만큼 빨리 떨어진다.
갈릴레이	모든 물체는 같은 높이에서 똑같은 시간에 떨어진다. 떨어지는 속도는 일정하게 증가한다.
뉴턴	자유 낙하 운동은 등가속도 운동 중 하나다.

3. 낙하 실험의 진실

피사의 사탑 낙하 응용문제

1kg의 쇠공과 10kg의 쇠공이 과연 동시에 떨어질까?
1kg의 쇠공과 1kg의 솜도 그럴까? 이건 조심스럽게 이해해야 한다.

갈릴레이는 1599년경 이탈리아 피사의 사탑에 올라가 각각 1파운드(약 0.454kg)와 10파운드(약 4.54kg)의 쇠공으로 낙하 실험을 해 아래와 같은 아리스토텔레스의 생각이 잘못되었음을 증명했다.

아리스토텔레스: 모든 물체는 무게가 무거울수록 무거운 만큼 빨리 떨어진다. 예를 들어 10kg의 무게를 갖는 쇠공과 그 절반인 5kg의 무게를 갖는 쇠공을 각각 떨어뜨렸을 때, 10kg의 쇠공은 5kg의 쇠공보다 2배 빠른 속도로 떨어진다.

피사의 사탑이란?

피사 대성당 옆에 있는 건물로 둥근 원통형 8층탑이다. 탑의 최대 높이는 58.36m 인데 북쪽은 55.2m, 남쪽은 54.5m로 남쪽으로 5.5도 기울어져 있다.

하지만 갈릴레이의 이 실험은 후대 사람들이 만들어 낸 이야기라고 생각한다. 당시 갈릴레이의 사회적 신분이나 지위로 보면 역사 기록에도 남아 있을 텐데 객관적인 자료를 찾을 수 없다. 또한 갈릴레이는 기록하기를 좋아했는데 그가 남긴 것도 없다.

그렇지만 이런 이야기는 전해진다.

1파운드의 쇠공과 10파운드의 쇠공이 동시에 떨어지려면
반드시 진공 상태여야 한다.
하지만 피사의 사탑에서는 진공 상태를 만들 수 없다.
공기 저항 때문에 더 무거운 10파운드의 쇠공이
조금 더 빨리 떨어질 것이다.
물론 아리스토텔레스 이야기대로라면
10배 정도 빨리 떨어져야 하는데 그렇지는 않다.
피사의 사탑은 짧은 거리이므로
거의 동시에 떨어지는 것처럼 보이기는 한다.
진공 상태는 아니지만 아리스토텔레스가 말한
'물체가 무거운 만큼 빨리 떨어진다.'는 주장은
틀렸다고 할 수 있다.

다시 정리해 본 낙하 실험의 진실

❶ 진공 상태가 아니라면 당연히 공기 저항 때문에 무거운 물건이 더 빨리 떨어진다.

❷ 낙하 거리가 짧을 경우에는 '종이와 쇠' 같은 극단적 차이가 아니라면 낙하 시간의 차이를 눈으로 판별하기 어렵다.

❸ 갈릴레이 생전에는 진공 개념이 정착되지 않았다. 그가 죽은 다음 해인 1643년 그의 제자였던 토리첼리(Torricelli, 1608~1647년)가 수은이 든 수조에 수은을 가득 채운 유리관을 거꾸로 세워 유리관 위쪽에 진공(토리첼리의 진공)을 처음 만들었다.

❹ 진공은 물질이 전혀 존재하지 않는 공간이지만 공기 자체가 전혀 없는 상태는 아니다. 진공 상태는 중력이 있고 없고를 떠나서 실제로는 만들기가 어렵기 때문에 1/1000mmHg(수은주밀리미터) 이하의 저압 상태를 말한다.

❺ 따라서 갈릴레이가 실제 피사의 사탑에서 무게가 다른 두 물체를 떨어뜨려 두 물체가 거의 동시에 떨어졌다면 그것은 낙하 거리가 짧거나 비슷한 물질의 비교를 통한 착시 현상이다. 결국 갈릴레이의 실험은 일종의 진공 상태를 가상으로 하는, 실제 실험이 아닌 생각 실험이었을 확률이 높다. 또는 다른 사람이 다른 시기에 한 실험이 잘못 전해졌을 수도 있다.

4. 토리첼리의 진공

　진공 상태는 그야말로 아무것도 없는 상태다. 공기조차 없어야 한다. 공기는 눈에 보이지 않지만 부피로 알 수 있다. 탱탱한 공을 생각해 보자. 구멍을 내 공기를 다 뺀다고 해도 완전히 다 없애기는 어렵다. 고대 아리스토텔레스도 진공을 생각했지만, 실제로는 만들 수 없었다. 갈릴레이도 이론적으로 진공을 생각했지만 실제로 그런 상태를 만들지 못했다.

　하지만 갈릴레이의 제자 토리첼리가 진공을 만들어 냈다. 갈릴레이 후원자였던 토스카나 대공이 1640년경 궁전의 뜰에 우물을 만들기 위해 지하 12m까지 땅을 파 물을 찾아내어 펌프의 관을 내려서 물을 끌어 올리려고 했다. 하지만 이상하게도 펌프가 물을 전혀 끌어 올리지 못했다. 그러자 토스카나 대공은 갈릴레이에게 의논했다. 갈릴레이는 제자 토리첼리에게 이것을 연구해 보도록 맡겼다. 토리첼리는 물보다 13.5배 무거운 수은을 써서 실험했다. 물 대신 수은을 사용하면 10m나 되는 펌프의 긴 관 대신 1m의 유리관으로 간단하게 실험할 수 있었기 때문이다.

진공을 만들다

수은이 든 용기에, 수은이 가득 찬 유리관을 수직으로 거꾸로 세워 보면 수은주의 높이가 76cm까지 내려가고 유리관의 윗부분에 텅 빈 공간이 생긴다. 이 유리관은 수은으로 채워진 것을 거꾸로 세운 것이기 때문에 공기가 들어갈 틈이 없다. 이 실험으로 자연계에는 진공이 존재하지 않는다는 아리스토텔레스의 이론을 뒤엎고 토리첼리가 진공을 만들어 내게 되었다. 수은주의 윗부분에 생긴 이 진공을 '토리첼리의 진공'이라고 부르게 되었다.

토리첼리는 유리관을 옆으로 기울여도 수은주가 항상 76cm의 높이를 일정하게 유지한다는 사실을 발견했다. 만일 진공의 힘이 수은을 빨아올린다면 유리관 속의 진공 부피가 변하는데도 수은주의 높이가 왜 항상 76cm인지 의문이 들었다. 그래서 진공과는 상관없이 수은주의 높이를 76cm로 유지시키는 뭔가 다른 힘이 작용한다는 생각을 하게 되었다. 토리첼리는 진공이 수은을 빨아올린 것이 아니라, 그릇의 수은 면에 내려 누르는 공기의 무게가 유리관 속의 수은을 밀어 올린다는 새 결론을 얻을 수 있었다. 더 중요한 것은 이런 진공이 대기압에 의한 것임을 밝혀냈다는 것이다.

5. 만약 진공이라면

    길이가 똑같은 2개의 끈 중 한쪽에는 납으로 된 추를, 다른 쪽에는 코르크로 된 추를 매달았다. 진자의 길이가 같다면 흔들림(진동)이 왔다 갔다 하는 주기는 추의 무게나 이동 폭(진폭)의 크기와는 상관없이 일정하다. 이것이 '진자의 등시성'이다. 이때 납이나 코르크 대신 돌이나 쇠 또는 나무토막을 써도 같은 결과를 얻는다. 물론 이 경우도 공기 저항이 없어야 한다. 공기 저항이 0인 진공에서 깃털과 쇠를 높은 곳에서 낙하시키면 동시에 땅에 떨어진다는 것과 같은 원리로 생각해 볼 수 있다.

아리스토텔레스의 생각은 틀렸다

    어떤 물체가 낙하한다는 것은 중력이 작용하고 있다는 것이다. 자유 낙하를 할 때 물체의 질량은 물체의 낙하 속력과 관계가 없다. 그러므로 물체의 속력이 질량 크기에 비례한다는 아리스토텔레스의 생각은 틀렸다. 진공 상태라 해도 비례하지 않는다.

신학에서 과학을 꺼내다

보통 근대 과학의 아버지로 뉴턴을 꼽는다. 그가 주장한 만유인력의 법칙과 물리학의 법칙이 과학계를 뒤흔들었기 때문이다. 하지만 갈릴레이도 뉴턴 못지않다. 갈릴레이는 모든 것의 중심인 신학에서 과학을 꺼내 따로 세운 사람이다. 갈릴레이가 종교 재판을 받은 이유도 이와 관련해 생각해 볼 수 있다. 갈릴레이는 근대 과학의 토대를 마련했다고 볼 수 있다.

세상을 뒤흔든 과학자들

❶ **탈레스**: Thales, 기원전 624?~546?년
만물의 근원을 물이라고 했던 최초의 고대 과학자.

❷ **아리스토텔레스**: Aristoteles, 기원전 384~322년
중세 때까지 최고의 과학자로 추앙받은 인물. 여러 학문의 체계를 세움.

❸ **세종**: 1397~1450년
조선의 과학 부흥을 주도했던 조선 4대 왕.

❹ **장영실**: ?~1450?년
조선 세종 때 시계와 천문 기기 등의 발명을 주도했던 천재 과학 기술자.

❺ **갈릴레이**: Galilei, Galileo, 1564~1642년
진자의 등시성 발견하고 수많은 과학 법칙 발견.

❻ **뉴턴**: Newton, Isaac, 1642~1727년
근대 과학의 아버지. 만유인력의 원리 확립.

❼ **아인슈타인**: Einstein, Albert, 1879~1955년
상대성 원리를 발표한 현대 물리학의 거장.

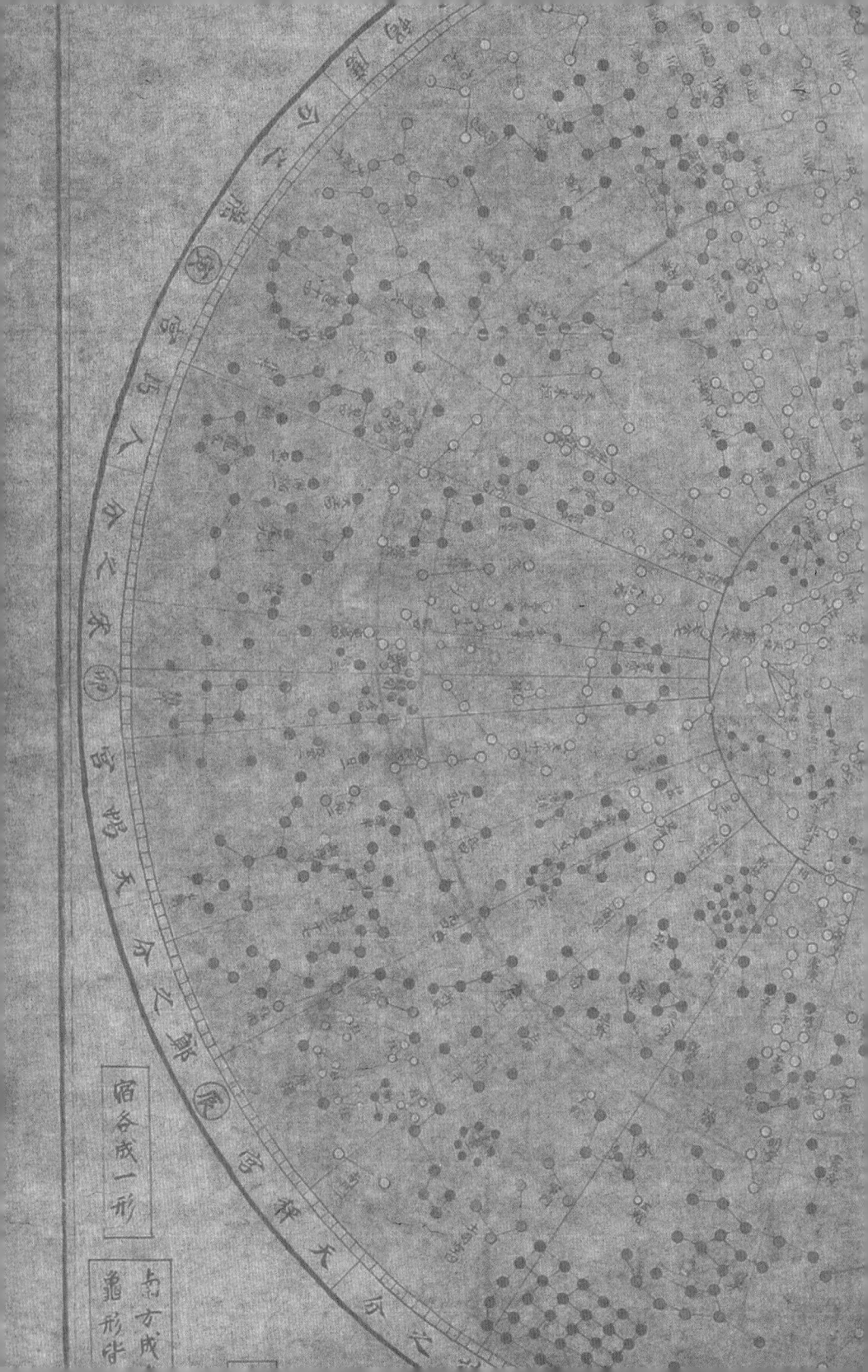

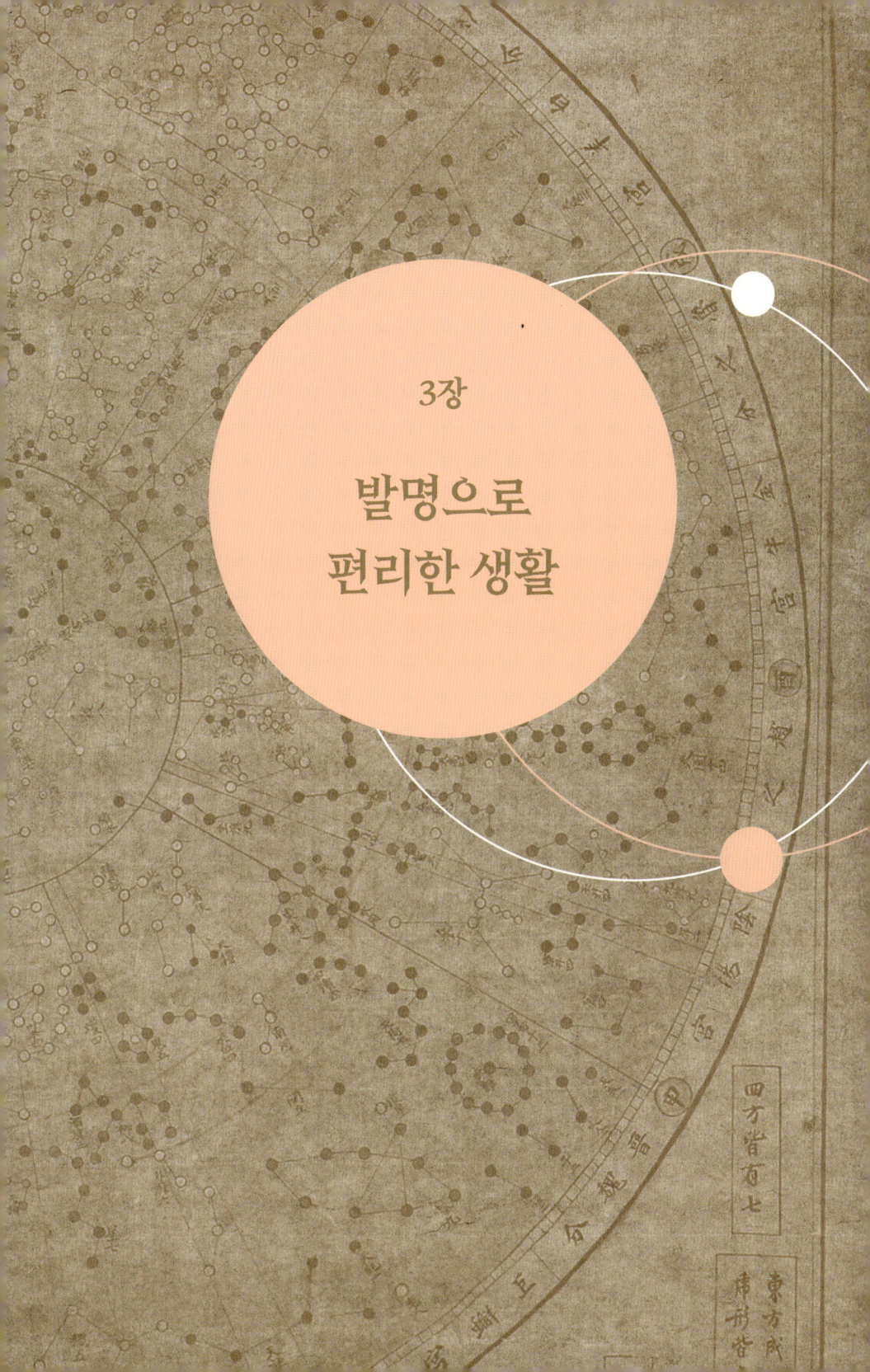

3장
발명으로 편리한 생활

1. 위대한 두 발명가

갈릴레이와 장영실은 모두 위대한 발명가였다. 갈릴레이는 맥박계, 망원경, 물을 끌어 올리는 기계, 군사용 컴퍼스 등 수많은 것을 발명했다.

장영실 역시 해시계, 측우기, 자격루, 갑인자 등을 발명하거나 완성하는 데 참여했다. 이런 발명품들 덕분에 생활이 한결 편리해졌으며, 문화가 달라졌다. 갈릴레이와 장영실, 두 과학자는 사람들의 삶을 어떻게 바꾸고 세상을 어떻게 변화시켰을까?

2. 장영실의 나라, 발명의 조선

인쇄 활자 개량과 출판 혁명

세종 시대에는 많은 책이 필요했다. 새 왕조의 정치가 안정되어 가면서 백성들이 편안하게 사는 정치를 펴야 했기 때문이다. 농사 잘 짓는 방법도 가르쳐 주고, 사람들 사이의 질서를 담은 삼강오륜과 나라 법령도 알려 줄 책을 만들어 보급해야 했다. 인쇄술은 그래서 더욱 절실했다.

당시 우리나라는 금속 활자를 가장 먼저 발명한 나라인데도 불구하고 하루에 몇 장을 찍어 내기도 어려웠다. 세종이 새 활자를 만들고자 했고 장영실은 인쇄 활자를 개발하는 데 결정적인 역할을 했다.

1434년(세종 16년)에 장영실은 갑인년에 만들었다고 하여 '갑인자'라고 부르는 구리 활자를 만들었다. 장영실은 세종의 명을 받은 이천의 감독 아래 집현전 직제학 김돈, 직전 김빈, 호군 장영실, 첨지 사역원사 이세형, 사인 정척, 주부 이순지 등과 함께 활자를 개발했다. 갑인자는 조선의 기본 활자가 되었고, 활자를 20만여 자 만들어 하루에 40여 장을 찍으니 글자 짜임새가 깨끗하고 바르며 일하기가 쉬워서 예전보다 능률이 2배가 되었다고 한다. 이후 갑인자는 여섯 번 개량되었다.

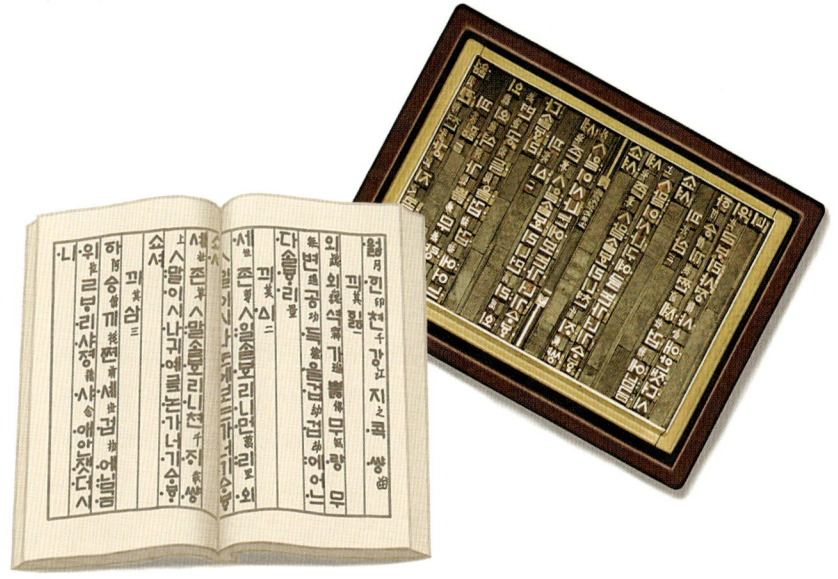

역사 속 인물 알아보기

이천 1376년 태종 때 태어나 1451년 세종 때 운명한 과학자. 세종(1397~1450년)보다 1년 뒤에 죽었다. 이천은 무신이지만 문신 못지않게 많은 공을 세웠다. 그는 뛰어난 학식을 가진 과학자였다. 장영실과 함께 경자자, 갑인자를 만들고 간의, 혼의, 앙부일구 등 천문 기구도 만들었다. 평안도 도절제사로 여진족을 물리친 장군으로 유명하다.

이순지 조선 초기에 자주적 역법을 이룩한 천문학자로 과학 기술인 명예의 전당 헌정자 중 한 사람. 조선 태종 6년 서울에서 병조판서인 아버지 이맹상과 어머니 문화 유씨 사이에 다섯째 아들로 태어났다. 5세까지 건강이 좋지 못해 어머니가 직접 젖을 먹이는 등 극진히 보살폈다고 전한다.
22세가 된 1427년(세종 9년)에 과거에 급제하여 처음 4년 동안 외교 문서를 담당하는 승문원과 문장 실력이 뛰어나야 하는 홍문관에 근무했다. 세종이 서울의 위도가 얼마인지 묻자 "38도 강"이라고 답했는데, 후에 그것이 옳은 사실임이 드러나 왕의 주목을 받게 되었고 천문학을 연구하게 되었다.
1432년(세종 14년)부터 간의대의 관측 책임을 맡았으며 혼의와 혼상도 세웠다. 경회루 남쪽에 장영실이 설치한 자격루와 옥루에 대하여 김담, 김조, 이천 등과 협력하여 의상을 바로잡고, 간의, 규표, 천평일구, 현주일구, 앙부일구 등을 만들었다. 1442년(세종 24년)에 김담과 함께 착수한 지 10년 만에 《칠정산》을 완성하여 한국 역사상 최초로 서울을 기준으로 한 역법 체계를 갖추게 되었다.

김돈 조선 초기의 문신 과학자. 1434년 집현전 직제학으로 동활자인 갑인자 주조에 참여했으며, 천문관측에 정통해 간의대와 보루각을 만들 때도 참여했다. 세종의 명으로 김조와 천추전 서편 뜰에다 흠경각을 창설하고, 종이를 뭉쳐서 산을 만들면서 높이가 일곱 자 되게 하고, 또 그 안에 옥루기(玉漏購)를 설치해 바퀴물로 돌게 했는데, 여기서 측정되는 시각이 하늘의 운행과 조금의 차이도 없었다.

3. 측우기 발명과 농사 혁명

측우기는 비의 양을 정확히 잴 수 있는 기구다. 측우기를 장영실이 발명했다고 전해지지만 기록은 남아 있지 않다. 처음 아이디어를 낸 사람은 세종의 첫째 아들 향(문종)이라는 주장이 유력하다. 그는 1441년(세종 23년) 8월 호조에서 서운관에 측우기를 설치할 것을 건의했다. 우량계(세계 최초)로 비가 내린 양을 정확히 재어 적어 놓을 것을 건의했다는 기록만 있을 뿐이다. 하지만 앞뒤 맥락으로 볼 때 장영실이 관여했을 것으로 추정한다.

1442년(세종 24년)에는 비의 양을 정확히 잴 수 있는 통일된 규격을 만들고 전국 각지에 설치했다.

임진왜란과 병자호란을 거치면서 측우기가 모두 사라졌지만 영조 때 복원했고, 이를 이용해 1770~1907년까지 약 140년 동안 각 도 관청과 서울 승정원에서 작성한 강우량 기록이 남아 있다. 금영측우기는 1837년(헌종 3년)에 만든 것으로 보물 제561호로 지정되어 기상청에 소장되어 있다.

중국은 측우기 뒷면에 '건륭'이라는 청나라 연호가 적혀 있으니 측우기가 1700년대 청나라 건륭 시대의 발명품이며, 측우기를 청나라가 조선에 보내 준 것이라고 주장하고 있다. 하지만 훨씬 이전인 1441, 1442년 《조선왕조실록》에 측우기를 만들고 보급한 기록이 분명하게 남아 있다.

서양 측우기

서양 측우기는 갈릴레이와 간접적인 관련이 있다. 독일인 헬만이 1890년에 출판한 잡지 《힘멜 운트 에르드(Himmel und Erde)》에 따르면 유럽에서 기구로 비의 양을 처음 측정한 것은 1639년이다. 이탈리아인 베네데토 카스텔리가 그해 6월 18일 친구 갈릴레이에게 보낸 편지에 빗물을 통에 받아 측정했다는 내용이 있다고 한다. 갈릴레이가 죽기 3년 전인 75세 때다. 프랑스 파리에서는 1658년부터, 영국에서는 1677년부터 비의 양을 측정했다.

4. 박연을 도와 악기를 만든 장영실

장영실은 박연과 함께 악기도 만들었다. 박연은 세종을 도와 여러 가지 악기를 새롭게 만들고 음악과 관련된 제도를 정비하는 일을 맡고 있었다.

장영실은 과학자인데 악기 만드는 일에 왜 참여했을까? 여러 가지 이유가 있지만, 악기 재료 때문이라 할 수 있다. 금속이나 광물을 재료로 해서 일정한 음률을 갖는 악기를 만드는 것은 꽤 어려운 일이다. 태평소 같은 금속 악기를 여러 개 만들 경우, 금속을 잘 아는 과학자가 필요했다. 여러 종류의 금속을 녹이고 틀을 만들어 악기가 일정한 소리를 내게 하고 여러 광물을 캐고 구별하여 다듬거나 혼합하는 일에는 과학 지식은 물론 금속을 다루는 기술도 필요했다. 장영실만 한 기술자가 없으니 세종은 박연을 장영실에게 보내 악기를 함께 만들게 했다.

역사 속 인물 알아보기

박연 고려 말기 1378년 충북 영동에서 태어났다. 세종 때 율관(동양에서 악률의 표준을 정하기 위해 만든 12개로 된 관)을 만들어 편경을 제작했다. 조선 초기 음악 완비에 많은 공헌을 했다. 박연은 편경과 편종을 만들었고 음악 제도를 정비하며 많은 악보를 편찬했다. 거문고를 만든 고구려의 왕산악, 가야금을 만든 신라의 우륵과 함께 한국 3대 악성으로 존경받고 있다.

음악 하는 과학자들

과학자 중에 아인슈타인은 바이올린 연주가 수준급이었고, 갈릴레이도 음악가 아버지 영향인지 음악에 소질이 많았다. 갈릴레이는 음향학에서도 큰 업적을 남겼다. 음의 높이가 현의 길이뿐만 아니라 현의 두께, 팽창도에 따라 결정된다는 것을 최초로 발견했다.

과학과 음악은 완전히 다른 것 같지만 비슷한 점이 많다. 피타고라스, 아리스토텔레스, 플라톤에게 음악은 철학이기도 하고 과학이기도 했다. 피타고라스는 음악이 아름다움을 잘 맞춘 비례라고 했다. 화음이 소리 진동수의 비율로 조화를 이루고 있으니 음악은 수의 조화이기도 하다. 위대한 과학자들이 위대한 음악가이기도 한 까닭이 여기에 있다.

과학자들의 음악회

세종　　우리 이렇게 모였으니 음악회를 열지 않겠소? 박연 대감이 지휘를 하시오. 모두 실력을 한껏 뽐내 보시오.

장영실　전하, 그러면 저는 편경*을 치겠습니다.

갈릴레이　지구가 태양 주위를 정확히 돌 듯 저는 박자에 맞추어 피아노를 치겠습니다. 피아노 한 음, 한 음마다 잘 짜여진 과학 원리가 숨어 있지요. 아름다운 비례의 조화를 느껴 보시죠.

아인슈타인 저는 과학처럼 아름다운 바이올린을 연주하겠습니다.

 **낱말 사전**

편경 돌로 만든 타악기. 고려 예종 11년(1116년) 송나라에서 들어왔고, 조선 세종 7년(1425년) 경기도 남양에서 경(磬)돌이 발견되어 국내에서 제작되었다. ㄱ자 모양으로 만든 16개의 경돌을 순서대로 위, 아래 두 단에 8개씩 매어 달고 긴 쪽을 고(鼓), 짧은 쪽을 고(股)라 하며 경이 두꺼우면 높은 소리, 얇으면 낮은 소리가 난다. 현재 <문묘제례악>, <종묘제례악>과 <낙양춘>, <보허자> 연주에 쓰이고 있다.

한국과학문화재단 선정 한국의 20대 과학 유산

거북선: 이순신 장군이 개조하고 실용화한 철갑 돌격선. 임진왜란 때 큰 공을 세운 배.

고려자기: 고려 시대에 만든 도자기. 우리 조상의 예술 감각을 엿볼 수 있다.

금속 활자: 우리나라는 세계 최초로 금속 활자를 발명했다. 현존하는 가장 오래된 금속 활자본은 고려 시대에 찍은 《불조직지심체요절》이다.

대동여지도: 조선 철종 12년(1861년)에 김정호가 제작한 우리나라의 대축척 지도. 김정호가 27년간 전국을 직접 답사해서 만들었다.

《동의보감》: 조선 시대에 허준이 선조의 명에 따라 편찬한 의학 책. 동양에서 가장 우수한 의학 책 중 하나로 평가받고 있다.

봉덕사종: 에밀레종, 성덕 대왕 신종이라고도 한다. 신라 경덕왕에서 혜공왕 7년(771년)에 걸쳐 만들어진 종으로 국보 제29호이다.

비파형 동검: 청동기 시대 전기의 대표적인 유물. 고조선 영역이었던 중국 동북부의 요령성에서 많이 출토되어서 요령식 동검이라고도 부른다.

석굴암: 경주 토함산에 있는 우리나라의 대표적인 돌 굴 사원. 1996년에 유네스코 세계 문화유산으로 지정된 세계적인 보물이다.

수원성: 조선 정조 때인 1789년에 완공된 수원에 쌓은 성. 우리나라 성곽 건축 기술사상 중요한 유물로 1997년 세계 문화유산으로 등재되었다.

앙부일구: 세종 16년(1434년)에 장영실이 만든 해시계. 현재 남아 있는 것은 조선 현종 때 만든 것과 영조 때 만든 것이다.

자격루: 세종 16년(1434년)에 장영실이 만든 물시계. 물이 흐르는 것을 이용해 스스로 소리를 나게 해서 시간을 알리도록 만들었다.

천상열차분야지도: 태조 때 돌에 하늘의 모습을 새긴 천문도. 중국 순우천문도에 이어서 세계에서 두 번째로 오래된 천문도다.

첨성대: 신라 선덕 여왕 때 세운 천문 기상 관측대로 동양에서 가장 오래된 관측대다. 관측대가 아니라 하늘에 제사를 지내는 제단이라는 말도 있다.

측우기: 세종 24년(1442년)에 만들어진 세계 최초의 우량계. 비의 양을 측정하는 기구로 서울뿐만 아니라 각 지방에도 설치하여 비 오는 양을 측정했다.

《칠정산》: 훈민정음 창제 1년 전인 세종 24년(1442년)에 세종의 왕명에 따라 이순지, 김담이 중심이 되어 펴낸 날짜와 천문학에 관련된 책. 중국 원나라의 것과 명나라의 것을 참고해 우리나라의 실정에 맞게 꾸몄다. 칠정(七政)은 해와 달, 수성, 금성, 화성, 목성, 토성의 5행성을 뜻한다. 1442년에 《칠정산 내편》을 완성해 1444년에 간행했다. 《칠정산 외편》은 간행 연대를 알 수 없다.

팔만대장경: 고려 고종 23년(1236년)부터 38년(1251년)에 걸쳐 완성한 불교 경전. 부처의 힘으로 외적을 물리치기 위해 만들었다.

《향약집성방》과 《의방유취》: 세종이 집현전 학자들에게 명하여 만든 의학 책. 중국에서 온 한방 의학을 우리 의학으로 만든 책이다.

혼일강리도: 태종 2년(1402년)에 만든 세계 지도. 아시아와 아프리카, 유럽을 모두 포함하는 대형 지도다. 동양에서 가장 오래된 세계 지도로 알려져 있다.

혼천의: 천문 시계이며 각종 천체의 운행을 관측하는 천문 관측기구. 장영실이 만든 자격루 장치의 원리를 아랍 과학과 적절히 결합한 기구라고 할 수 있다.

화약 무기: 우리나라 화약의 역사는 고려 시대 훨씬 이전이다. 세종 때는 조선의 침략자들을 물리치는 데 쓰기도 했다.

5. 발명왕 갈릴레이

갈릴레이도 장영실처럼 여러 발명품을 만들었다. 천체 관측용 망원경 말고도 실용적이고 훌륭한 발명품이 많다.

맥박계 발명

갈릴레이가 발명한 맥박계를 보면 '몸'이 발명의 어머니일 수도 있다. 몸이 불편할 때 무엇인가 발명해 내기도 하고 몸 자체가 발명의 도구이기도 하니까. 진자의 등시성을 발견한 것도 바로 맥박 때문이다. 의사들만 맥박을 짚는 게 아니다. 손목 위의 동맥에 다른 손을 대 보면 맥박이 마치 시계추처럼 일정하게 규칙적으로 뛴다. 심장이 콩닥콩닥 뛸 때마다 큰 핏줄인 동맥을 따라 피를 밀어내는데 이게 바로 맥박이다. 갈릴레이가 의대생 시절 바로 이 맥박을 재어 보다가 맥박계를 발명했다. 물론 발명은 했지만 학생이라 특허를 미처 내지 못해 실제 이익을 얻은 건 대학교라고 한다.

저울 발명

갈릴레이의 본격적인 발명품은 금속의 무게를 재는 저울이다. 갈릴레이는 아르키메데스의 부력 원리를 응용한 저울을 발명했다.

아르키메데스의 유레카

아르키메데스가 금관 제작자에게 순금으로 왕관을 만들게 했다. 아르키메데스는 대장장이가 다른 물질을 넣고 순금을 빼돌리지 않을까 의심스러웠지만 확인할 방법이 없었다. 한참 고민하다가 목욕탕에 갔는데 물이 가득 찬 탕에 들어가니 물이 넘쳤다. 그때 순금 무게를 잴 수 있는 방법이 갑자기 떠올랐다. 너무 기쁜 나머지 벌거벗은 몸으로 "유레카"를 외치며 뛰어나왔다고 한다. 물론 대장장이가 순금 일부를 빼돌린 것이 발각되었다.

금속의 순도를 확인하고 합금의 정체를 밝히는 데 많은 도움을 주었다고 한다. 갈릴레이가 22세 때인 1586년에 발명 특허를 지키기 위해 이 제품을 설명하는 소책자를 출판해 유명세를 타기 시작했다. 갈릴레이는 무척 실용적인 사람이다.

물 펌프 발명

시골에 가면 가뭄이 들 때 물을 퍼 올리는 기계가 있다. 또는 홍수가 났을 때 실내에 찬 물을 빼낼 때 쓰기도 하는데, 그게 바로 펌프다. 별것 아닌 것 같지만 땅속의 물을 끌어 올리는 게 쉬운 일이 아니다.

갈릴레이가 29세 때인 1593년경 스크루 펌프를 발명했다. 그때 우리나라는 임진왜란이 일어난 다음이었다. 우리는 조총으로 무장한 일본군에게 맥없이 당해 산천초목이 피로 물들 때 이탈리아에서는 갈릴레이가 이런 기계를 발명했던 것이다. 스크루 펌프는 고대 수력 체계를 훨씬 세련되게 발전시킨 물 펌프인데 말 한 마리 정도의 적은 노동력으로도 지하 수조에 있는 물을 끌어 올리도록 고안되었다. 1594년 공식 인가를 받았고 어느 부자에게 팔아 돈을 벌었다는 이야기도 있다.

온도계 발명

온도계는 참 고마운 도구다. 체온을 재기도 하고 요리할 때나 일상생활에서 아주 편리하게 사용하기 때문이다. 이런 편리하고 고마운 온도계를 갈릴레이가 1603년경에 발명했다. 관 속에 물을 넣고 열을 가하면 공기가 팽창하는 원리를 적용해 만들었다. 기원전 1세기 알렉산드리아에서 논의된 것에서 영감을 받았다고 한다. 과학과 역사는 이렇게 발전해 나간다.

군사용 컴퍼스 발명

각도를 재는 컴퍼스를 사용해 봤을 것이다. 지금은 흔하지만 갈릴레이가 발명할 당시에는 아주 희귀한 물건이었다. 갈릴레이는 대포나 총을 쏠 때 거리와 각도를 계산하기 위해 컴퍼스를 기하학적으로 개량해 군사용 컴퍼스를 만들었다. 이 컴퍼스는 2개의 판판한 팔을 묶어서 벌릴 수 있는데, 팔 길이는 각각 30cm, 폭은 3cm정도였다. 팔에는 산술적이고 기하학적인 여러 규칙에 따라 눈금을 새겨 놓았다. 90도 각도의 호가 붙어 있어서 직각을 그릴 때 직각자로도 사용할 수 있었다. 또 그 호에는 각도를 새겨 놓았기 때문에 각도를 측량하는 도구로도 이용했다.

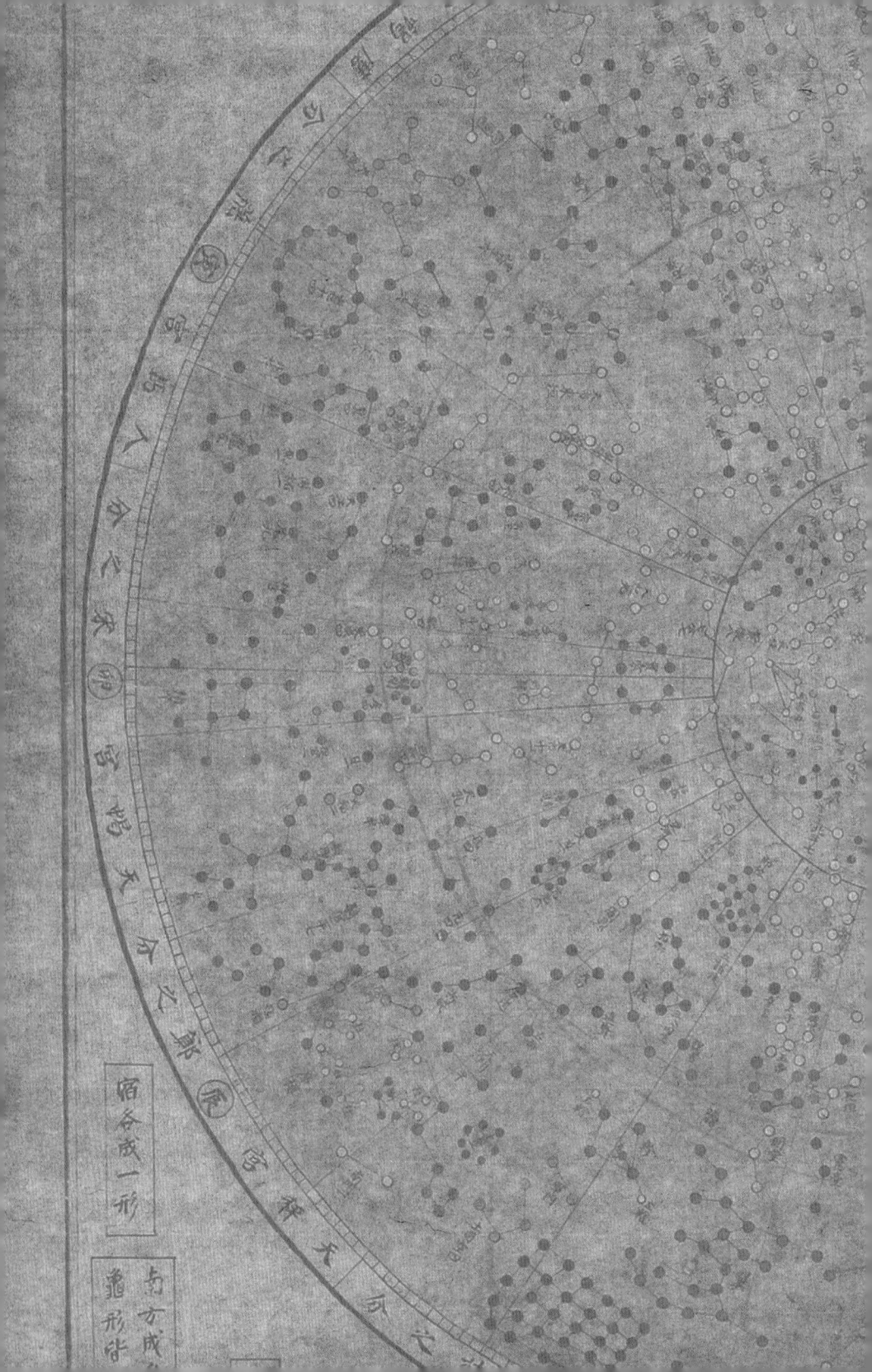

4장

시계 발명으로 달라진 세상

1. 시계의 탄생

시간은 언제부터 있었을까? 이런 질문 자체가 재미있다. 왜냐하면 '언제'라는 말이 시간을 뜻하기 때문이다. 공기 없는 세상을 상상할 수 없듯이 시간 없는 세상은 상상할 수가 없다. 그만큼 시간은 아주 중요하다. 조선 시대에는 시간을 어떻게 재었을까?

빛나는 발명품, 시계

장영실이 살았던 조선 시대에 시계가 발명되기 전에도 시간을 보는 체계적인 방법이 있었다. 장영실은 여러 가지 발명품을 만들었다. 그중에 가장 빛나는 발명품은 물시계와 해시계다. 시계가 생겨나자 시간의 개념이 명확해지고 사람들은 그 시간에 따라 일정한 생활을 할 수 있게 되었다.

이 세상에 있는 모든 시계가 사라진다고 상상해 보자. 어떤 일이 벌어질까? '시계만 사라졌을 뿐인데?' 하겠지만 세상은 뒤죽박죽 전혀 다른 세상이 되고 말 것이다. 반대로 시계가 없던 세상에 시계가 생기면 어떤 일이 벌어질까? 뭔가 분명한 세계가 생겨날 것이다. 장영실은 시계가 없던 조선 사람들에게 새로운 세상을 열어 준 셈이다.

시계는 볼 수 있어도 시간은 볼 수 없다. 시계는 만질 수 있지만 시간은 만질 수 없다. 시계는 시간을 보여 주고 느끼게 해 주는 도구이다.

역법

시계는 시간의 흐름을 기계로 표현한 것이고 달력은 시간을 모아 적은 것이다. 시간을 구분하고, 날짜의 순서를 매겨 나가는 방법으로 시간 단위를 정하는 것을 역법이라고 한다. 주로 달과 같은 천체의 주기적 현상이 기본이 된다.

장영실이 역법과 관련된 시계를 만든 건 어쩌면 당연한 일이다. 별의 움직임이 바로 시간의 흐름인데, 그는 하늘과 별을 관측하는 것을 좋아했기 때문이다.

2. 조선 시대 시간 읽기

장영실이 살았던 시대에는 시간을 어떻게 읽었을까? 낮과 밤의 길이에 관계없이 항상 일정하게 하루를 12시간으로 나누었다.

12개의 띠를 각각 한자어로 나타내면 자(子, 쥐), 축(丑, 소), 인(寅, 호랑이), 묘(卯, 토끼), 진(辰, 용), 사(巳, 뱀), 오(午, 말), 미(未, 양), 신(申, 원숭이), 유(酉, 닭), 술(戌, 개), 해(亥, 돼지)다. 이것을 '십

이지(十二支)'라고 하는데 시간을 나타내는 말로 썼다. 오후 11시부터 1시까지는 쥐의 시간 자시, 오후 1시부터 3시까지는 소의 시간 축시, 이렇게 읽었다.

자(子, 쥐)시: 오후 11시부터 오전 1시까지

축(丑, 소)시: 오전 1시부터 오전 3시까지

인(寅, 호랑이)시: 오전 3시부터 오전 5시까지

묘(卯, 토끼)시: 오전 5시부터 오전 7시까지

진(辰, 용)시: 오전 7시부터 오전 9시까지

사(巳, 뱀)시: 오전 9시부터 오전 11시까지

오(午, 말)시: 오전 11시부터 오후 1시까지

미(未, 양)시: 오후 1시부터 오후 3시까지

신(申, 원숭이)시: 오후 3시부터 오후 5시까지

유(酉, 닭)시: 오후 5시부터 오후 7시까지

술(戌, 개)시: 오후 7시부터 오후 9시까지

해(亥, 돼지)시: 오후 9시부터 오후 11시까지

밤은 해가 지고 난 뒤부터 이튿날 해가 다시 뜰 때까지로, 1경(更)부터 5경까지 5등분했고 경과 경 사이를 1점(點)부터 5점까지 5

등분했다. 장영실이 처음 개발했던 시계가 경과 점을 알려 준다고 해서 '경점지기'라고 불렀다. 하지만 계절에 따라 밤과 낮의 길이가 달라져서 경과 경, 점과 점 사이의 간격이 일정하지 않았다.

옛날과 현대의 시간 읽기

시간	옛날			현대
	밤	하루		
		12시간	24시간	
간격	해가 지고 난 뒤부터 이튿날 해가 뜰 때까지를 1경부터 5경까지 5등분하고 1경을 다시 1점부터 5점까지 5등분함.	하루 24시간을 2시간 간격으로 12등분함.	하루 24시간을 1시간 간격으로 24등분함.	
구분	1경~5경(1점~5점, 총 25점)	자시~해시	1시~24시	
특성	밤 길이에 따라 시간 간격이 일정하지 않음.	시간 단위가 밤낮 길이에 관계없이 일정함.		
의미	이중 시간 법을 통해 밤낮이 다른 자연 이치와 그 시대 특징을 살림.	규칙적이고 계절에 상관없이 같음.		

3. 돈에 새겨진 과학

돈에는 그 나라를 상징하는 인물이나 문화재를 새긴다. 돈은 가치를 나타내지만, 돈으로 따질 수 없는 문화재나 그 민족의 자랑스러운 선조들을 새겨 기리는 것이다. 우리나라 돈에는 무엇이 새겨져 있을까? 1만 원짜리에는 세종의 초상화와 혼천의가 있다. 2007년부터 만든 새 돈에는 없지만 2006년까지 쓰인 1만 원짜리에는 장영실의 자격루가 있었다.

어느 기관에서 흥미로운 조사를 했다. 지폐에 넣고 싶은 인물을 꼽아 보자고 했다. 결과가 어떻게 나왔을까?

1위 김구, 2위 장영실, 3위 유관순, 4위 신사임당이었다.

1만 원 지폐 앞면에 새겨진 자격루
(2006년까지 발행)

2000리라 지폐 앞면의 갈릴레이

1만 원 지폐 뒷면에 새겨진 혼천의

2000리라 지폐 뒷면의 천문도(황도)와
피사의 천문대

장영실의 초상화가 10만 원권 지폐에 새겨질 날이 올까? 갈릴레이는 이미 이탈리아 2000리라짜리 지폐에 들어가 있다.

4. 시간 문화를 창조한 장영실

장영실의 대표 발명품은 여러 종류의 시계들이다. 장영실이 발명했거나 개량한 시계는 크게 밤낮으로 이용할 수 있는 물시계와 낮에만 활용할 수 있는 물시계, 해시계로 나눌 수 있다.

밤낮으로 이용할 수 있는 물시계

1424년(세종 6년) 《조선왕조실록》에 다음과 같이 기록되어 있다.

> "장영실은 음력 5월 6일에 궁궐 안의 경과 점을 알리는 시계는 중국 시계를 참고하여 구리로 만들어서 바치도록 하라."

세종이 장영실에게 지시한 내용이다. 조선 시대에는 시간을 나타낼 때 보통 오후 7시부터 2시간 간격으로 초경, 이경, 삼경, 사경, 오경으로 불렀다. 경은 오늘날 2시간을 말한다. 주로 해가 넘어갈 때부터 해가 돋을 때까지를 다섯으로 나눈 것이다. 밤 시간의 시작인

초경은 오후 7~9시 정도이며 마지막 5경은 오전 3~5시 정도다.

한 경은 다시 5점으로 나누었으니 오늘날 시간으로 하면 24분 정도 된다. 경과 점을 알려 주는 시계라는 의미로 '경점지기'라는 이름을 붙인 시계가 있었다고 앞에서 설명한 것을 기억하자. 하지만

이 시간 분류법은 계절에 따라 밤과 낮의 길이가 달랐다. 경과 경, 점과 점 사이의 간격이 일치하지 않았으니 많이 불편했을 것이다. 불편은 창조의 어머니가 되었다. 장영실과 세종은 이런 불편함을 가만히 놔두지 않았다. 그렇게 장영실은 역사에도 확실하게 기록된 자동 물시계 '자격루'를 발명하게 되었다.

자동 물시계 자격루, 우리나라 최초의 로봇!

스스로 시간을 알려 주는 물시계! 지금 생각해도 신기할 뿐이다. 시각에 따라 종, 북, 징이 울리고 또 인형이 나타나서 몇 시인지 알려 주는 로봇 시계인 셈이다. 1433년(세종 15년) 9월《세종실록》에 이 시계를 완성했다는 내용이 있다. 이듬해 1434년 7월부터는 본격적으로 사용했다는 기록도 있다.

"이 자격루는 장영실이 아니면 도저히 만들 수 없었으니 장영실에게 벼슬을 주도록 하라."

세종이 황희에게 내린 명령이다. 기획은 세종이 했지만 실제 발명하고 완성한 사람은 장영실이다. '자격루(自擊漏)'의 한자 뜻을 풀이하면 '스스로 부딪혀 조금씩 새는 물건'이다. 시간이 되면 스스로 소리를 내는 물시계인 것이다.

　　자격루는 물시계와 시간을 알리는 시보 장치로 되어 있다. 물시계는 물을 일정하게 흘려보내는 물그릇 3개와 수위가 높아짐에 따라 시간 흐름을 눈금 잣대로 표시하는 물받이 통 기둥으로 되어 있다. 시보 장치는 눈금 잣대가 밀어 떨어뜨린 작은 쇠구슬이 1경부터 5경까지 숫자대로 징과 북을 쳐서 시간을 알렸다. 이때 나무로 만든 인형이 나타나 시각을 알려 주는 팻말을 들어 보였다. 그 때문에 자격루를 '우리나라 최초의 로봇'으로 보는 사람도 있다.

2007년 복원한 자격루(국립고궁박물관 소장)

복원 자격루의 물그릇들(국립고궁박물관 소장)

자격루의 맨 위에 있는 큰 물그릇(대파수호)에 넉넉히 물을 부어 주면, 그 물이 아래의 중간 물그릇(중파수호)을 거쳐 작은 물그릇(소파수호)을 거친 후 가장 아래쪽 길고 높은 물받이 통(수수호)에 흘러든다.

5. 놀랍고 반가운 시계 발명

자격루를 좀 더 발전시킨 시계가 옥루(玉漏)다. 왜 구슬 '옥' 자가 붙었을까? 세종의 생각을 출발점으로 만들어진 시계인 터라 왕에 대한 존경심을 담아 지은 이름이다. 당시에는 임금을 나타내는 단어에 구슬 옥 자를 종종 썼다. 옥루는 해, 달, 별의 움직임과 농촌의 계절 변화까지 인형을 써서 저절로 나타나게 해 준 장치로 시간과 계절을 알 수 있는 시계다.

백성들은 어떻게 시간을 알았을까?《세종실록》에는 시계를 보관할 보루각을 만들어 자격루를 설치하고 시계 담당 관청인 서운관 관리들이 번갈아 감독하게 했다고 기록되어 있다. 자격루가 시간을 자동으로 알려 주었지만 자격루는 궁궐 안에 있었다. 도성의 각 문을 통제해서 궁궐 바깥에도 시간을 알릴 필요가 있었다. 경회루의 남문과 월화문, 근정문에 쇠북을 각각 설치하고, 광화문에도 큰 종을 세웠다. 그날 밤에 각 문의 쇠북을 맡은 사람이 자격루가 알려 주는 소리를 듣고 차례로 종을 치고 영추문에 세운 북을 쳐서 백성들에게 알렸다.

옥루가 시골 구석구석까지 직접 시간을 알리지는 못했지만 표준 시간을 마련했다는 것은 대단히 큰 의미가 있다. 최소한 관리들이라도 시간을 확실히 알아서 백성들이 농사나 생활에 활용하게 했을 테니 말이다. 《세종실록》을 보면 관리들이 시간이나 시기를 제대로 몰라 농사를 망쳐 한탄하는 기록이 많이 나와 있다. 그만큼 조선 시대에는 농사를 잘 짓기 위해서 시계가 필요했다. 자동 물시계로 당시 사람들이 얼마나 놀라고 반가웠을지 짐작이 된다. 관리 김빈은 자동 물시계에 대한 감동을 이렇게 표현했다.

> "기계가 번갈아 발동하여 시간을 알려 주는 것이
> 번개처럼 빠르구나.
> 기계가 닿는 곳에 나무 인형이 시간을 정확히 알려 주니
> 보는 이가 감탄하네. 거룩하구나.
> 이는 하늘 따라 시간 법을 만든 것이니, 천지조화가 틀림없네.
> 적은 시간 아껴 써서 모든 공적 빛났도다.
> 백성 스스로 감화하여 표준을 세우고 무궁토록 보이도다."
>
> - 《세종실록》 1434년 7월 1일 기록 -

6. 시계 발명은 농업 혁명의 길

　시계 발명으로 생활이 편리해졌을 뿐만 아니라 농업이 눈부시게 발전했다. 세종 때 만든 시계는 다목적용으로 시간은 물론 계절의 변화도 알 수 있게 해 주었다. 그만큼 농업에 도움이 되었다. 시간과 계절을 정확히 아는 것은 농사에 아주 중요하다. 씨앗을 뿌리는 것부터 추수할 때까지 모든 과정이 시간과 날씨에 맞춰 적절하게 이루어질 때 추수할 양이 많아지기 때문이다.

밤낮 공용 다목적 시계

　밤낮 공용 다목적 시계가 물시계만 있었던 것은 아니다. '일성정시의(日星定時儀)'라는 시계도 있다. 해와 별이 정해 준 시간을 알려 주는 기계라는 뜻을 지녔다. 1437년(세종 19년)에 만든 것으로 시계 겸 천문 기계로 밤과 낮의 시간을 측정할 수 있었다. 서울 만춘전, 서운관뿐만 아니라 함경도 병영, 평안도 병영에 각각 하나씩 두었다. 군사용으로도 필요했던 것이다. 지름이 68cm로 재료는 구리였다. 이것을 축소한 휴대용 '소정시의'라는 시계도 있었다.

7. 시계의 종류와 역사

시계에는 어떠한 것들이 있을까? 명품시계와 싸구려시계? 전자시계와 바늘시계? 시계는 기준에 따라 여러 가지로 나눌 수 있다. 원리와 재료로 나누면 해시계, 물시계, 모래시계, 진자시계, 기계시계 등이 있다. 이것을 더 자세히 나눌 수도 있다. 해시계는 그림자를 물체 위에 비추는 방식에 따라 팽이형, 반원통형, 수평형, 수직형 등으로 나눈다.

낮에만 사용하는 시계

1437년은 무척 중요한 해다. 왜냐하면 자격루가 일상생활에 사용된 지 3년이 지났고 이때부터 여러 시계가 발명되었기 때문이다. '규표(圭表)'라는 기계가 있다. '규'는 단위를 뜻하는 말로 '시간 단위를 측정하는 기계'라는 뜻이다. 해의 높이와 해가 지는 것을 측정하는 일종의 해시계라고 할 수 있다. 해시계는 인류 역사가 시작된 이후 가장 먼저 사용된 시계다. 중국에서는 기원전 11~13세기경부터 막대를 이용한 해시계를 사용했다고 한다. 우리나라는 신라 시대부터 해시계를 사용했다고 하지만, 세종 때 와서야 제대로 된 해시계를 사용하게 되었다.

모든 백성이 본격적으로 이용할 수 있는 해시계는 '앙부일구(仰釜日晷)'였다. 이름 자체가 재미있다. '앙부'는 솥 모양의 그릇을 하늘을 향해 놓는다는 뜻이므로 '앙부일구'는 '가마솥처럼 생긴 해시계'라는 말이다. 또 다른 이름으로 '앙부일영', '앙부일귀'라고 부르기도 했다. 앙부일구는 세종 16년인 1434년에 처음 만들었고 혜정교와 종묘 앞 두 군데에 설치해 공중시계 역할을 했다. 그러나 세종 때 만든 앙부일구는 임진왜란을 거치면서 없어졌다. 세종 때 앙부일구는 한글 창제 전이었으므로 한자를 모르는 백성들을 위해 시간 표시를 동물신으로 했고, 또 어린이를 위해 94cm의 3단 계단 돌 위에 설치해 네 살 어린이도 올라가 볼 수 있도록 했다.

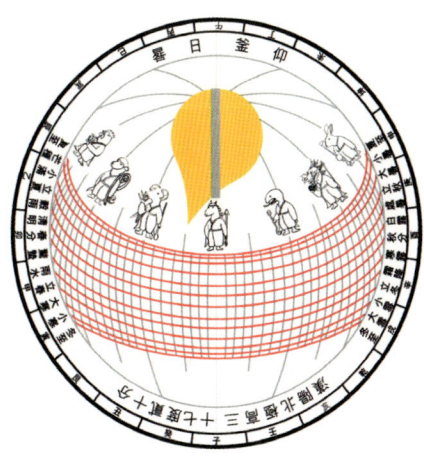

시간 표시를 동물신 그림으로 한 앙부일구 복원도

세종 때 앙부일구를 놓아두었던 받침돌(종묘)

휴대용 해시계

휴대용 앙부일구도 있다. 1871년(고종 8년)에 강건이 세로 5.6cm, 가로 3.3cm, 두께 1.6cm로 납석으로 만들었다. 정확한 지남침(자석)을 두어 자오선을 정확하게 맞출 수 있는 것이 특징으로 제작 솜씨가 뛰어나다. '현주일구(懸珠日晷)'는 매달 '현', 구슬 '주'를 써서 '구슬 같은 추를 매단 해시계'라는 뜻으로 역시 휴대용 해시계다. 1437년(세종 19년)에 장영실, 김빈, 이천, 김돈 등이 만들었다. 같은 해 같은 팀이 만든, 받침대가 평평하다고 해서 이름 붙인 '천평일구(天平日晷)'라는 휴대용 해시계도 있다. 《세종실록》에 보면 천평일구는 '말을 타고 가면서도 볼 수 있도록 만든 것'이라고 했다. 말을 타고 가면서도 볼 수 있다니! 오늘날 손목시계와 같은 역할을 했으니 시간을 보기 참 편리했을 것이다.

다양한 시계들

해시계는 인류의 생활이 시작되었을 무렵 이집트에서 사용되었다. 기원전 600년경에 중국에서도 사용되었다. 처음에는 막대를 수직으로 세워 그림자의 이동으로 시간을 표시했고, 나중에는 그 막대가 북극성을 가리키도록 기울여서 좀 더 정확한 시간을 알 수 있었다. 인류는 해시계를 18세기경까지 사용했다. 하지만 해시계는 치명적인 단점이 있다. 태양이 떠 있을 때만 쓸 수 있고 날씨가 좋지 않거나 밤에는 사용할 수가 없다는 점이다. 이 단점을 보완해 주기 위해 발명된 것이 바로 물시계다.

물시계는 기원전 1400년경부터 고대 이집트에서 쓰였다. 우리나라에서는 1424년에 장영실이 물시계를 만들었다.

모래시계는 물시계와 같은 원리로 만들어졌다. 작은 구멍에서 모래가 떨어지는 것을 이용한 모래시계는 4세기에서 16세기까지 사용되었다. 모래시계는 장구처럼 생긴 유리그릇에 모래가 아래로 떨어지는 것으로 시각을 표시하고, 다 떨어지면 다시 뒤집어 놓고 시간을 측정하는 도구다. 사우나에 가면 자주 볼 수 있는 모래시계는 역사가 아주 오래된 시계다.

물시계가 있다면 불시계도 있었을까? 그렇다. 불시계도 있었다. 불시계는 물질의 종류에 따라 속도가 다르지만 같은 물질이 탈 때 타는 시간이 비슷하다는 원리로 만들어졌다. 그러니까 물질이 타 없어진 정도로 시간을 측정하는 것이다. 대표적인 것이 램프시계인데, 타 없어지는 기름의 양으로 시간을 측정했다. 중세 유럽에서 널리 쓰였다고 한다.

기계시계는 14세기 초부터 만들어졌다. 서양 시계 발전에 큰 공을 세운 사람이 바로 갈릴레이다. 동양 한반도에서는 장영실, 서양

이탈리아반도에서는 갈릴레이가 시계의 역사를 새로 썼고 새로운 문화와 생활을 만들어 냈다.

1초를 얼마나 더 짧게 쪼갤 수 있을까?

자, 시계를 한번 들여다보자. 초침이 있는 시계라면 '째깍!' 하는 사이에 1초가 흘러간다. 눈 깜짝할 만큼 짧은 1초를 더 짧게 쪼갤 수 있을까? 육상이나 수영 같은 기록경기에서 0.001초 차이로 받는 메달 색깔이 달라지는 걸 보면 1초 이하도 나눌 수 있을 것이다. 하지만 얼마나 더 짧게 나눌 수 있을까? 그게 어떻게 가능할까? 우리가 아는 아날로그시계에는 초침보다 더 가는 바늘은 없다.

유리를 만들 때 쓰는 수정(석영)이라는 광물이 있다. 20세기 초 과학자들은 시계 속에 수정을 넣어 진동자로 쓰고 그 진동수로 시간을 계산하기 시작했다. 수정은 1초에 3만 2768번을 규칙적으로 진동하기 때문에 수정시계는 1초 이하의 시간을 잴 수 있다.

2007년 미국 국립표준기술원 네이션 뉴버리 박사팀이 1초에 10^{14}번 진동하는 레이저의 진동수를 유효 숫자 19자리까지 측정하는 데 성공했다. 이만큼 정확한 시간 정보를 위성 항법 시스템(GPS)에 적용하면 우주에서 대형 축구 경기장의 어느 한 좌석이나 정원의 나무 한 그루 위치까지 명확하게 찾아낼 수 있다. 세계 각 국의 표준

시는 세슘 원자 시계를 기준으로 한다. 보통 1000년에 약 1초 차이가 난다. 세슘 원자는 1초에 91억 9263만 1770번 진동한다고 하니 우리가 상상하기도 어려운 짧은 시간을 잴 수 있다.

　원자의 진동을 측정하는 수단은 바로 레이저다. 1초 동안 레이저가 얼마나 진동하는지 알면 원자의 진동도 정확히 잴 수 있다. 세슘 원자보다 더 빠르고 미세한 진동까지 측정하면 훨씬 정밀한 원자시계를 개발할 수 있다. 과학자들이 레이저의 진동수를 더 정확하게 측정하려는 이유가 여기에 있다. 머지않아 1000년에 1초 정도의 시간 차이도 판별하는 항법 장치나 휴대 전화가 등장하게 될 것이다. 우주를 안전하게 여행하려면 레이저 진동수 유효 숫자를 20~30자리까지 정확히 측정할 수 있어야 한다.

위성 항법 시스템이란?

위성 항법 시스템은 인공위성을 이용한 위치 및 시각 결정 시스템이다. 영어로는 GPS(Global Positioning System)로 지상, 해상 및 공중에서 사용자의 위치를 시각 및 기상 상황에 관계없이 계속해서 측정한다. 우주 공간에서의 항법을 위해서도 쓰이고 있다. 처음에는 군사적인 목적으로 개발되었으나 시스템 구성이 완료된 현재에는 민간용으로도 폭넓게 활용되고 있다. 또한 새로운 응용 분야가 많이 개발되고 있다.

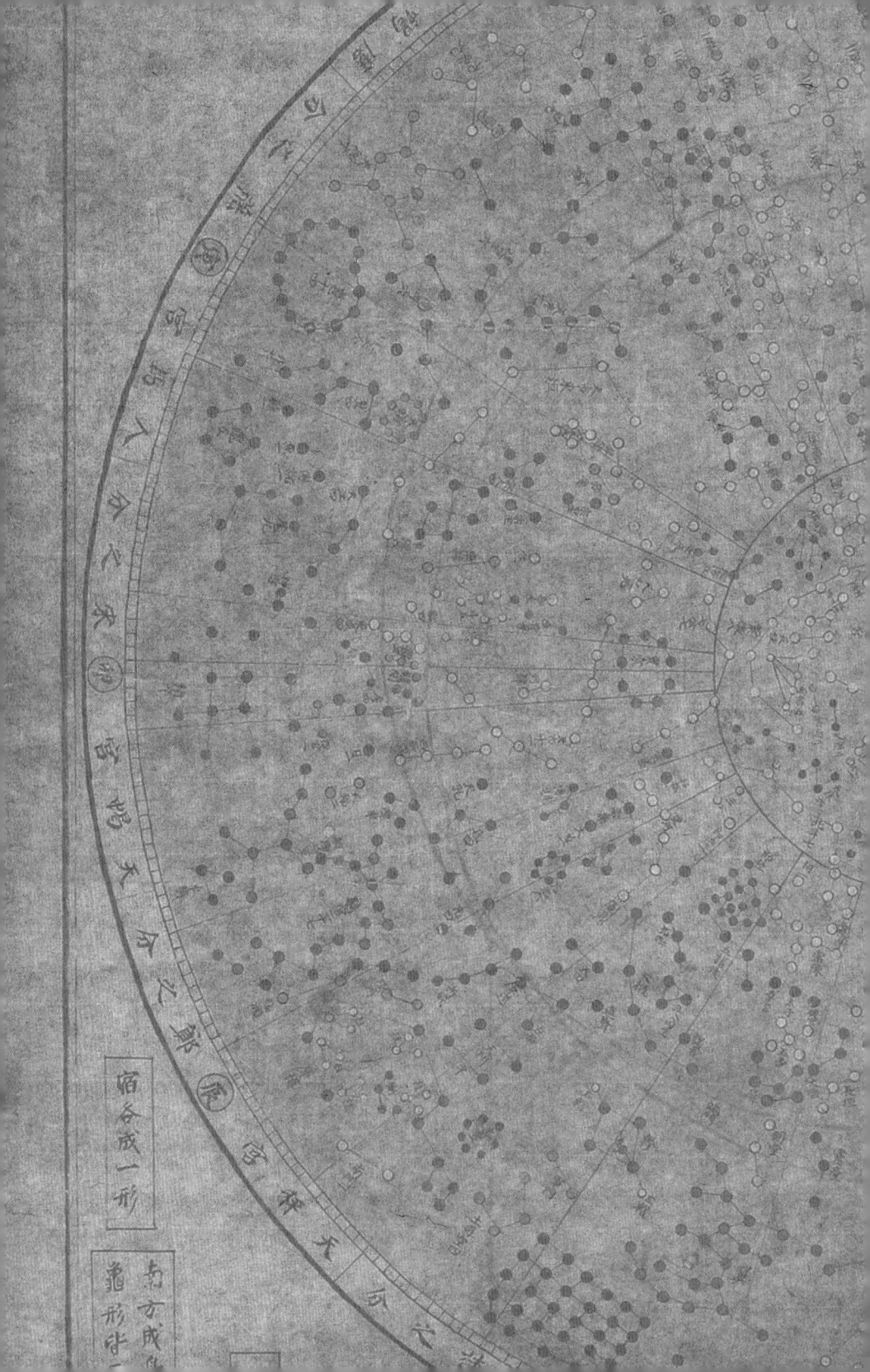

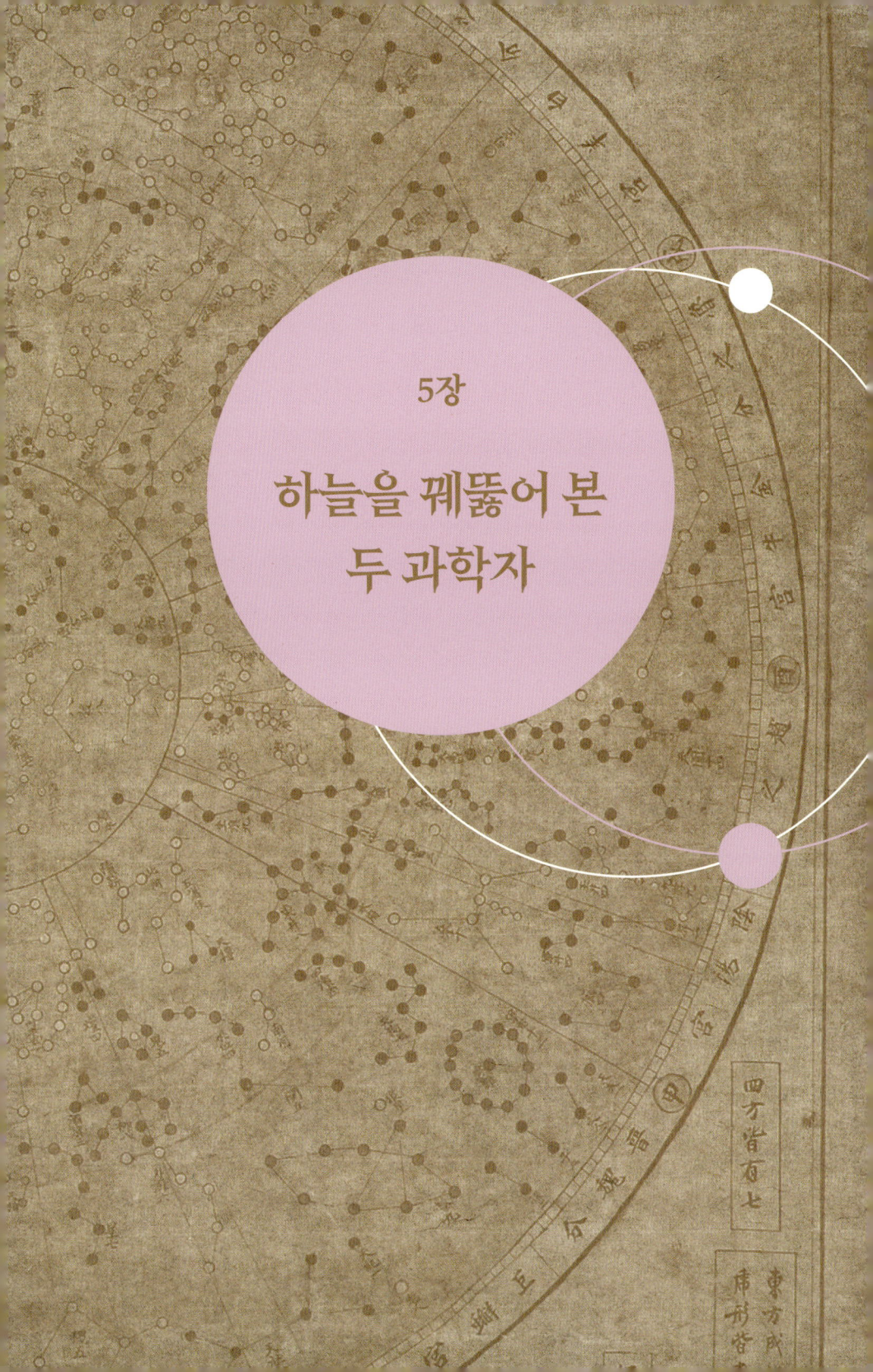

5장

하늘을 꿰뚫어 본 두 과학자

1. 하늘을 보는 장영실

　세종은 장영실이 특별하다는 것을 알고 있었다. 충녕 대군 왕자 시절부터 눈여겨보았기 때문이다. 왕이 된 후에는 장영실의 든든한 조력자가 되었다. 그러던 어느 날, 세종과 장영실은 하늘을 보았다.

　"오늘 따라 별이 참 밝구나."

　"예, 전하. 그러하옵니다. 명나라에는 별들의 움직임을 정확하게 관측하는 기계가 있다 하옵니다. 명나라의 그 기계로 조선의 하늘을 보는 게 제 소원입니다."

　"장 별좌는 명나라 기술을 익혀 보겠나?"

　"저도 그러고 싶지만 명나라에 가지 않고는 앞선 기술을 익힐 수 없지요, 전하."

　"명나라에 가면 되지 않는가?"

　"예? 명나라에 말입니까?"

　"장 별좌, 자네는 하늘을 품은 사람이 아닌가. 이 궁궐도 좁네. 명나라로 가서 선진 문물을 배워 오게. 자네라면 우리나라의 과학을 명나라보다 더 발전시킬 수 있을 것이네."

　"전하, 하오나 어찌 제가……."

　"모든 일은 내가 책임지겠네. 자네는 떠날 준비를 하게."

세종이 말했다. 그 후 장영실은 윤사웅, 최천구와 함께 명나라로 유학을 떠났다. 장래가 촉망되었으니 왕이 유학을 보내 준 것이다. 서당조차 제대로 다니지 못한 관노 천민 출신 장영실이 왕의 권유로 명나라에 유학을 가다니. 당시에는 정말 놀랄 만한 일이었다.

과학이 여는 새 시대

　명나라 유학파 장영실은 중국의 역대 천문과 관련한 책과 아랍의 기술 책까지 두루 모아 외우고 유학 생활 1년 만에 조선으로 돌아왔다. 조선 시대에는 명나라와 아랍이 세계적인 기술 선진국이었다. 장영실은 명나라 유학을 다녀온 뒤 10년 동안 연구를 계속했다. 연구 끝에 개발하고 발명한 것이 '혼천의'와 '간의'였다.

　혼천의는 천체를 관측하는 가장 기본적인 기구다. 해, 달, 별의 움직임을 한눈에 볼 수 있도록 설계되었다. 혼천의를 사용하면 지구상에서 우리나라가 어디에 위치하는지 정확하게 알 수 있었다.

역사 속 인물 알아보기

윤사웅　세종 때 역관(달력에 관련된 일을 맡아보는 벼슬)이었으나 세종의 발탁으로 남양부사를 지냈다.

최천구　세종 때 역관이었고 부평부사를 지냈다.

혼천의로 하늘을 열다

혼천의(渾天儀)는 '혼미한 하늘을 관측하는 천문 기구'라는 뜻이다. '혼의', '혼의기'라고도 한다. '선기옥형(璿璣玉衡)'이라는 별칭을 알면 무슨 기계인지 더 확실히 알 수 있다. '선기'는 '별'이라는 뜻이고 '옥형'은 '옥으로 된 천문 관측기'라는 뜻이니까 '별을 관측하는 천문 기기'다. 혼천의는 1433년(세종 15년)에 정초, 정인지 등이 고전을 조사하고 이천, 장영실이 만드는 일을 감독해 만든 기계다.

혼천의

혼천의를 간단하게 만든 것이 간의다. 1432년(세종 14년)에 이천, 장영실이 나무로 간의를 만들어 한양의 위도를 정확히 재는 데 성공했다. 그 뒤 1438년에는 구리로 대간의, 소간의를 만들었다. 대간의는 경회루 북쪽 간의대에 설치하고, 소간의는 나침반처럼 휴대용으로 사용했다고 한다. 간의는 조선의 천문학에서 적도에 관한 위치가 필요했기 때문에 만들었다. 적도는 지구의 위치를 나타내는 가로선인 위도의 기준이 되는 선이다.

간의

흠경각에서 본 하늘과 별

1438년(세종 20년)에 세종은 장영실에게 경복궁 안 강녕전 옆에 천문 기구 보관 집을 짓도록 했다. 이곳이 '흠경각'이다. 흠경각은 '하늘을 공경하며, 백성에게 때를 알려 주는 집'이라는 뜻이다. 명나라와 옛날 원나라하고는 다르게 다목적 천체 관측기구다. 흠경각에는 여러 가지 기구를 차례대로 만들고 배치해 사람의 힘을 빌리지 않고 저절로 치고 저절로 움직이게 했다. 그것이 마치 귀신이 시킨 듯 보여 사람들이 놀랐다고 《세종실록》에 기록되어 있다.

한국을 빛낸 과학 기술인

최무선(1325~1395년)	고려 시대 화약 제조와 화기 개발.
이천(1376~1451년)	조선 세종 때 금속 활자 인쇄 기술 개발과 병기 개량.
장영실(?~1450?년)	조선 세종 때 자동 물시계 자격루와 옥루 발명.
이순지(1406~1465년)	조선 세종 때 천문 역법 정리. 《칠정산 내편》 편찬.
허준(1539~1615년)	동양 의학 집대성. 《동의보감》 편찬.
홍대용(1731~1783년)	천문 기구 설계. 지동설 전파.
김정호(1804?~1866년)	지리학자. 대동여지도 완성.
이원철(1896~1963년)	독수리자리 에타성 연구. 국립관상대 초대 대장.
우장춘(1898~1959년)	배추, 무, 고추 등 20여 종 품종 개량.
이태규(1902~1992년)	촉매 반응, 액체 이론, 유변학 등 이론 화학 연구.
안동혁(1906~2004년)	전력, 비료, 시멘트, 판유리 등 기간 산업 건설.
현신규(1911~1986년)	임목육종 통해 녹화 사업에 기여.
최형섭(1920~2004년)	금속 공학의 계면 현상 연구. 산업에 적용.
이호왕(1928년~)	유행성 출혈열 바이러스 발견.

2. 별을 보는 갈릴레이

갈릴레이와 장영실의 공통점을 꼽자면 둘 다 밤하늘을 사랑하여 밤하늘 관찰하기를 즐겼다는 것이다. 장영실이 간의와 혼천의를 만들었고 훨씬 더 늦게 태어난 갈릴레이는 천체 관측용 망원경을 직접 발명했다. 갈릴레이는 이 망원경으로 은하수와 목성을 관찰했는데 그 관찰은 과학사의 위대한 업적이 되었다.

갈릴레이의 굴절 망원경

굴절 망원경이란 빛의 굴절을 이용하는 망원경이다. 물체를 향하는 대물렌즈는 물체에서 오는 빛을 모으고, 접안렌즈는 맺혀진 상을 확대하는 역할을 한다. 대물렌즈와 접안렌즈라는 2개의 렌즈로 완전히 막혀 있는 망원경 통 내부에 공기의 흐름이 발생하지 않기 때문에 안정된 상을 얻을 수 있다. 하지만 대물렌즈에서 모든 빛이 정확하게 한 점으로 모이지 않아 색이 다른 빛들의 상 주변에서 약간씩 퍼지는 색수차 현상이 생기는 단점이 있다.

굴절 망원경이란?

구조에 따라 갈릴레이식과 케플러식으로 분류한다.

갈릴레이식 굴절 망원경은 대물렌즈에 볼록렌즈를 사용하고 접안렌즈에 오목렌즈를 사용한다. 과거에는 천체 관측용으로도 사용했으나 요즘에는 시야가 좁은 문제 때문에 소형 쌍안경 등에 응용하여 사용한다.

케플러식 굴절 망원경은 천문학자 요하네스 케플러(Kepler, Johannes)가 발명했다. 대물렌즈와 접안렌즈 모두 볼록렌즈를 사용한다. 갈릴레이식과 달리 상하 좌우가 뒤집어진 상이 만들어지지만 시야가 넓고 상이 안정되어 있다. 또한 접안렌즈에 눈금을 넣을 수 있기 때문에 정밀한 측정을 할 수 있다.

색수차란?

파장에 따른 굴절률의 차이에 의해 생기는 수차를 말한다. 긴 파장의 빛일수록 렌즈를 통과한 뒤 다른 빛보다 초점이 렌즈에서 먼 쪽으로 맺히기 때문에 일어나는 현상이다. 광학 기기에 사용하는 렌즈를 만들 때는 이것을 보정하기 위해 여러 개의 렌즈를 결합한다.

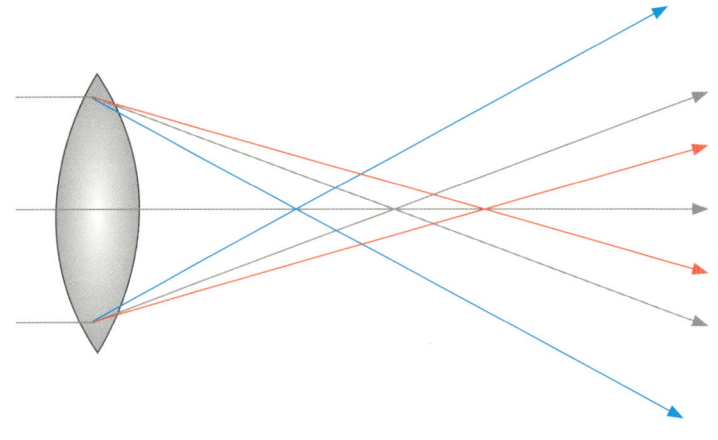

목성의 위성들

갈릴레이는 목성의 위성인 이오, 유로파, 가니메데, 칼리스토, 이렇게 4개를 발견했다. 위성은 곧 달이다. 지구는 위성이 달 하나밖에 없지만 목성의 밤하늘엔 많은 달이 뜬다. 목성의 위성은 4개만 있을까? 사실 목성에는 무수히 많은 위성이 있다. 당시 갈릴레이는 가장 빛나는 4개의 위성만 발견했다. 현재까지 공식적으로 발견된 목성의 위성은 63개나 된다. 어마어마하지만 이보다 더 있을 수도 있다.

목성의 위성 발견은 지동설을 입증하는 대단한 업적이었다. 지구가 우주의 중심이고 다른 천체들이 지구 주위를 돌고 있다고 했는데 지구처럼 중심이 되는 천체가 또 발견됐으니 기존의 생각들에 어긋났다. 천동설을 믿는 사람들 주장대로라면 우주의 중심이 2개나 되는 셈이다.

갈릴레이의 일기

1610년 1월 7일, 해가 지고 1시간이 지난 뒤 밤하늘을 살펴보고 있었다. 목성이 하늘에 나타났고 망원경으로 보니 그 양옆으로 밝은 천체가 3개 더 있었다. 이 천체들은 매우 흥미로웠다. 정확히 한 줄로 나란히 정렬되었고 같은 크기의 다른 천체들보다 더 밝았다. 목성을 기준으로 한 그 배열과 위치는 다음과 같다.

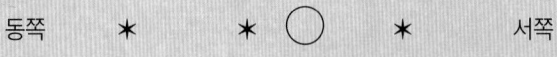

목성 동쪽에 2개의 천체가 있었고, 1개는 서쪽에 있었다. 서쪽 천체와 좀 더 동쪽에 있는 천체가 나머지 1개의 천체보다 조금 더 크게 보였다. 처음에는 붙박이별이라고 믿었기 때문에 목성과의 거리에는 관심이 없었다. 그러나 8일에 똑같은 관측을 했을 때 미지의 운명에 이끌린 듯, 3개의 천체가 처음 기대한 위치와 매우 다른 곳에 있는 것을 발견했다. 모든 천체가 목성 서쪽에 같은 간격으로 위치했고, 전날보다 서로 더 가까이 있었다.

나는 이 천체들이 움직인다고 생각하지 못했다. 하지만 서쪽에 있던 목성이 동쪽으로 움직일 수 있을까 하는 의문이 생겼다. 천문학적 계산 결과와 달리, 목성이 서쪽에서 동쪽으로 움직이며 목성 고유의 운동으로 이 천체들을 우회한 것이 아닌가 하는 생각이 들었다. 그래서 나는 이튿날을 애타게 기다렸다. 그러나 이튿날 유감스럽게도 하늘은 온통 구름으로 뒤덮여 있었다.

목성으로 간 갈릴레이호

갈릴레이가 1610년에 목성의 위성을 발견했다. 그로부터 380년 정도가 흐른 1989년에 NASA가 목성에 탐사선을 띄워 보냈다. 처음으로 목성의 위성들을 발견한 갈릴레이의 이름을 따 '갈릴레이호'라고 불렀다.

1989년에 10월에 지구를 떠난 우주 탐사선 갈릴레이호는 1995년 12월에야 목성 궤도에 진입했다. 왜 그렇게 오래 걸렸을까? 답은 간단하다. 목성은 아주아주 멀리 있으니까. 지구에서 목성까지 시속 4km로 걸어가면 1만 7943년 정도가 걸리고, 시속 120km 자동차로 가면 598년이 걸리고, 시속 800km 비행기로 가면 90년 정도가 걸린다고 한다. 갈릴레이호는 목성까지 가는 데 6년 조금 넘게 걸렸으니 빨리 간 셈이다.

갈릴레이호는 발사 후 45억km를 여행해 목성에 도착한 뒤 7년 동안 34번이나 목성 주위의 궤도를 돌면서 1만 4000여 장의 사진과 많은 정보들을 NASA로 전송했다. 2002년 12월, 목성의 위성 아

NASA란?

NASA(National Aeronautics and Space Administration)는 미국 항공 우주국으로 1958년에 우주 개발 계획을 추진하기 위하여 설립된 정부 기관이다.

말테아의 사진 전송을 끝으로 갈릴레이호의 임무는 끝났다. 하지만 갈릴레이호를 그대로 내버려 둘 경우 목성의 위성 유로파에 충돌해 오염시킬까 봐 2003년 9월에 갈릴레이호는 목성 표면으로 떨어져 운명을 마쳤다.

명왕성의 태양계 퇴출

목성 이야기가 나왔으니 태양계 행성에 대해 알아보자. 2006년 명왕성 퇴출 사건을 살펴보면 행성을 좀 더 쉽게 이해할 수 있다. 명왕성이 퇴출된 이유는 여러 가지가 있다. 그중 가장 큰 이유는 명왕성이 태양계의 다른 행성들에 비해 크기가 작고 공전 궤도도 긴 타원형이었기 때문이다. 또한 명왕성의 공전 궤도는 다른 행성들에 비해 17도나 기울어져 있다고 한다. 그 때문에 명왕성은 행성이 아닌 해왕성의 위성으로 의심을 받기도 했다. 그러다가 2006년 8월 25일, 명왕성은 태양계 행성 목록에서 제외되었다. 이름도 '왜소행성 134340'으로 바뀌었다.

행성의 조건

우리가 사는 지구를 '행성' 또는 '떠돌이별'이라고 한다. 행성은 중심 별의 강한 힘으로 궤도를 그리면서 중심 별을 도는 천체를 말한

다. 지구의 중심 별은 어떤 별일까? 바로 태양이다. 지구의 행성 친구들은 누가 있을까? 수성, 금성, 화성, 목성, 토성, 천왕성, 해왕성이 있다.

명왕성 퇴출 사건에서 알 수 있듯이 아무 천체나 행성이 될 수는 없다. 행성이 되기 위한 자격 조건은 무엇일까?

첫째, 충분히 큰 구에 가까운 천체이어야 한다.

둘째, 태양의 주위를 공전해야 한다.

셋째, 태양처럼 스스로 빛을 낼 수 있는 붙박이별(항성)이 아니면서 위성도 아니어야 한다.

마지막으로 주위의 천체에 비해 압도적으로 커야 한다.

별의 밝기는 어떻게 정할까?

장영실은 직접 만든 혼천의로 밤하늘의 별과 천체들의 위치를 관측했다. 갈릴레이도 직접 개량한 망원경으로 목성의 위성을 발견했다.

별의 밝기에는 실제 밝기와 겉보기 밝기가 있다. 이 두 밝기는 각각 절대 등급과 겉보기 등급이라는 단위로 나타낸다. 절대 등급은 모든 별이 같은 거리(32.6광년)에 놓여 있다고 가정했을 때 밝기를 나타낸다. 각 별들의 실제 밝기다. 겉보기 등급은 그 실제 밝기에 상관없이 단지 밤하늘에서 우리 눈에 보이는 밝기를 나타내는 척도다.

그리스의 천문학자 히파르코스는 기원전 2세기경 별의 밝기를 처음으로 수치로 나타냈다. 히파르코스는 눈에 보이는 가장 밝은 별을 1등성으로 하고 가장 어두운 별을 6등성으로 정했다. 그리고 그 중간 밝기에 속하는 별들을 밝기 순서에 따라 2등성, 3등성 등으로 나누었다. 이것은 느낌에 따른 분류였기 때문에 거의 주관적이었다. 근대에 와서 정밀한 기계로 측정해 보니 1등성의 밝기가 6등성의

100배였다. 그래서 각 등성 사이의 차이를 2.512배로 확정했다. 이처럼 밝기의 객관적인 기준이 확립되자 6등성보다 어두운 천체와 0등성보다 밝은 천체도 숫자로 밝기를 표시할 수 있게 되었다. 1등성보다 2.512배 밝으면 0등성이고 보름달은 -12등성, 태양은 -27등성이 된다.

별의 겉보기 밝기

밤하늘에는 밝은 별과 어두운 별이 섞여 있다. 우리 눈에 보이는 별의 밝기는 '겉보기 밝기'다. 실제로는 아주 밝은 별이 어둡게 보일 수도 있다. 가까운 곳에 있는 별은 먼 곳에 있는 별보다 겉보기 밝기가 더 밝다. 별의 밝기(광도)는 거리의 제곱에 반비례해서 약해진다. 거리가 2배 멀어지면 광도가 1/4로 감소하고, 거리가 3배 멀어지면 광도가 1/9로 감소한다. 태양이 실제로는 보통 이상으로 어두운 별이지만 우리에게 아주 밝게 보이는 이유는 아주 가까운 곳에 있기 때문이다.

은하수 살펴보기

밤하늘을 수놓는 우윳빛 길, 예전에는 하늘만 올려다보면 쉽게 은하수(銀河水)를 발견할 수 있었는데 요즘은 도심에서 잘 보이지 않는다. 은하수는 은빛으로 빛나는 강처럼 보인다 해서 붙은 이름이며 천하(天河), 천강(天江), 천황(天潢)이라고도 했다. 우리나라에서는 견우성(독수리자리의 알파성)과 직녀성(거문고자리의 알파성)이 이 강을 건너 칠석날(음력 7월 7일)에 만난다는 전설이 유명하다.

백조자리, 거문고자리, 독수리자리, 궁수자리, 전갈자리에 걸쳐서 보이는 여름 밤하늘의 은하수는 잘 알려져 있으며, 이 부분은 황소자리, 쌍둥이자리, 오리온자리, 큰개자리 등에 걸치는 겨울 밤하늘 부분과 이어져 있어서 온 하늘을 일주한다. 단 은하수의 너비나 밝기는 불규칙한 모양의 암흑부나 한층 밝은 부분이 뒤섞여 있어 일정하지 않다. 갈릴레이가 은하는 별의 집단이라는 것을 망원경으로 처음 확인했다.

갈릴레이의 지동설

갈릴레이는 '지구가 태양 주위를 돈다!'고 주장했다. 하지만 종교 재판에서는 아니라고 말했다가 돌아서면서 "그래도 지구는 돈다!"고 중얼거렸다고 한다.

지구가 돈다고 주장한 게 왜 죄가 될까? 요즘 같은 세상에선 말도 안 되는 이야기다. 갈릴레이가 살았던 시대는 신이 중심이었고 절대 권력이었다. 당시 사람들은 신이 태양에게 "지구 주위를 돌면서 여행하라."고 말씀하셨다고 믿었다. 그러니까 지구가 태양을 돈다고 한 갈릴레이의 주장은 신의 말씀을 거역한 아주 괘씸한 일이었다. 지구가 태양 주위를 돈다는 게 죄가 되다니!

갈릴레이가 왜 지구는 돈다고 했을까?

'그래도 지구는 돈다.'는 말을 들으면 가장 먼저 갈릴레이가 떠오를 것이다. 당시 갈릴레이가 그 말을 진짜 했는지는 모르지만, 갈릴레이가 지동설을 주장한 것은 분명하다. 지동설을 처음 주장한 사람은 코페르니쿠스다. 하지만 코페르니쿠스의 주장은 여러 가지 증거가 부족했다. 그에 비해 갈릴레이는 망원경으로 우주를 관찰해 코페르니쿠스가 미처 밝혀내지 못한 것들을 알아냈다.

아리스토텔레스의 우주

아리스토텔레스가 후세 과학자들에게 남긴 가장 큰 선물은 우주론, 운동론, 물질관이다. 그는 모든 물질은 물, 불, 흙, 공기의 네 가지 원소로 이루어졌으며, 비율에 따라 물질의 성질이 달라진다고 생각했다. 또 운동은 원소가 제자리를 찾아가려는 성질에서 비롯되었고, 우주도 4종류의 원소와 제5원소 에테르로 이루어졌다고 생각했다. 지구가 우주의 중심이라는 천동설이 여기서 비롯되었다. 아리스

과학자들의 우주 설명

프톨레마이오스: 별은 지구를 중심으로 움직인다.

- 천동설 -

코페르니쿠스: 지구는 태양을 중심으로 움직인다.

- 지동설 -

튀코 브라헤: 달과 태양이 지구 주위를 돌고 있다.

행성은 다시 태양 주위를 공전한다.

- 신우주설 -

케플러: 코페르니쿠스의 이론과
튀코 브라헤의 관찰 자료로 우주의 운행 법칙을 알아냈다.

- 케플러의 법칙 -

토텔레스의 이 생각은 16~17세기에 '과학 혁명'이 일어날 때까지 약 2000년 동안 서양 세계관을 지배했다.

서양 우주의 역사

서양 우주의 역사는 그리스인들과 함께 시작되었다. 그리스인들은 약 1500~2000년 전부터 우주를 관측했는데 당시 우주관은 아리스토텔레스의 견해를 주로 따랐다. 아리스토텔레스는 하늘의 모형은 구형이고 그 중심에 공 모양의 지구가 고정되어 있다고 했다. 아리스토텔레스의 우주관은 기독교 신학과 조화를 이루며 르네상스 시대까지 대표적인 우주관으로 자리 잡았다.

16세기에 접어들어 코페르니쿠스는 태양과 행성들의 복잡하고 불규칙한 운동을 보고 천체의 운동에 대한 연구를 시작했다. 그 결과 지구가 우주의 중심이 아니고 지구와 행성들이 태양 주위를 돈다는 지동설을 주장하게 되었다. 실험과 관찰을 통해 자연법칙을 탐구하던 갈릴레이는 망원경으로 금성과 목성을 관찰했고 코페르니쿠스의 주장을 확실하게 뒷받침해 주었다. 이어서 튀코 브라헤의 관측과 케플러의 이론적 작업을 통해 코페르니쿠스의 지동설은 더 확실해졌다.

근대 과학의 아버지는 누구일까?

어떤 특정한 분야에서 효시가 되어 큰 성과를 이룬 사람을 그 분야의 아버지라고 한다. 이를테면 의학의 아버지는 히포크라테스, 수학의 아버지는 피타고라스, 음악의 아버지는 바흐, 근대 회화의 아버지는 세잔이다.

근대 과학은 실험을 기반으로 하는 경험과 탐구를 중시하는 학문이다. 과학에서 실험은 당연한 것이라고 생각하겠지만, 아주 옛날 고대 그리스에서의 과학은 철학 중 하나였고, 중세 유럽에서의 과학은 신학에 딸린 분야였다. 철학이나 신학의 한 부분이었던 과학을 하나의 학문으로 끌어올린 사람이 근대 과학의 아버지라 할 수 있다.

그렇다면 근대 과학의 아버지는 누구일까? 갈릴레이는 과학에서 신학을 분리해 냈다. 그 때문에 종교 재판을 받았다. 뉴턴은 영국의 물리학자이자, 천문학자, 수학자이고 근대 이론 과학의 선구자다. 우주의 질서를 설명한 역학 법칙은 근대 과학의 최고 성과였다. 코페르니쿠스는 지동설을 주장해 과학이 신학과 싸우도록 원인을 제공한 사람이다. 모두 훌륭한 성과를 낸 과학자들이다. 누가 가장 근대 과학의 아버지에 가까울까?

지구는 세상의 중심이 아니다

지동설은 코페르니쿠스가 처음으로 주장한 것으로 흔히 알려져 있지만 약 2000년 전에 그리스의 아리스타르코스(기원전 310~230년)가 먼저 주장했다. 아리스토텔레스의 제자였고 '지구는 하루에 한 번 자전하고, 1년에 한 번 원 궤도를 그리며 태양의 둘레를 돈다.'는 것을 발견했다.

그리스의 히파르코스(기원전 190~120?년)는 지구가 하늘의 중심이라는 천동설을 처음 주장했다. 고대 메소포타미아인 유적에 그려진 지구는 동그란 모양이 아닌 평평한 땅이다. 고대 그리스에서는 항해를 통해 지구가 둥글다는 것은 알았지만 지구가 태양의 둘레를 돌고 있다는 것은 믿지 않았다.

프톨레마이오스(출생과 사망에 대한 기록이 없음, 127~145년에 알렉산드리아에서 활동)가 천동설을 다듬어 사람들은 1400여 년 동안 지구가 우주의 중심이라고 믿었다. 그동안 지구가 태양을 돈다는 지동설을 주장하는 학자들도 있었지만 우주 밖으로 왜 튕겨 나가지 않는지, 높은 곳에서 떨어뜨린 물체가 그 자리에 바로 떨어지는지 묻는 질문에 답을 하지 못했다. 관성의 법칙을 발견했더라면 지동설을 빨리 받아들였을지도 모른다. 관성의 법칙은 물체가 외부에서 작용하는 힘이 없을 때 자신의 운동 상태를 유지한다는 법칙을 말한다.

1492년 콜럼버스는 수학자이자 천문학자였던 토스카넬리의 도움으로 지구가 둥글다는 것을 확신하고 반대쪽 인도를 향해 항해하다가 아메리카(쿠바, 자메이카, 도미니카 및 남아메리카와 중앙아메리카)에 도착했다. 서양 사람들에게는 아주 큰 발견이었다. 6년 뒤 1498년에는 바스코 다 가마가 실제 인도 항로를 발견했다.

코페르니쿠스는 1513년에 지동설을 체계화했다. 덴마크의 천재 천문학자 튀코 브라헤는 1572년에 맨눈으로 별을 관측해 지동설을 지지할 수 있는 근거를 발견했지만 여전히 천동설을 지지했다. 하지만 브라헤는 행성(떠돌이별)과 항성(붙박이별)이 태양 주위를 돌고 태양은 행성을 바짝 당겨 지구를 돈다는 절충설로 천동설과 지동설의 다리 역할을 했다.

1600년에는 지동설을 주장한 신부 부르노가 화형을 당했다. 1609년 케플러는 지구가 타원 궤도로 돈다고 밝혔다. 1610년에 이르러 갈릴레이가 46세에 망원경을 직접 개량해 목성의 위성들을 발견하고 1613년 49세에 코페르니쿠스가 옳음을 증명하는 《흑점에 대한 편지》를 묶어 로마에서 출판하면서 지동설의 대단원을 장식했다. 갈릴레이는 1616년 52세 때 종교 재판소에 소환되어 '코페르니쿠스의 이론을 버려라.'고 경고를 받았다. 하지만 1632년 68세 때 6년간의 집필 끝에 《두 우주 체계에 대한 대화》를 출판해 과학과 역사의 진리를 세상에 선포했다.

프톨레마이오스 체계(천동설)

우주 중심에 지구가 있으며 그 주위를 모든 천체가 회전한다. 항성은 가장 바깥쪽에 있고 1일 1회전한다. 각 행성은 일정한 크기의 원(주전원)을 따라 일정한 속도로 돌고, 각 주전원의 중심은 지구를 중심으로 한 원주 위를 돈다.

코페르니쿠스 체계(지동설)

이 체계는 당시 상당히 진척되어 있던 천체 관측 결과를 잘 보여 준다. 천왕성, 해왕성, 명왕성은 발견되기 전이다.

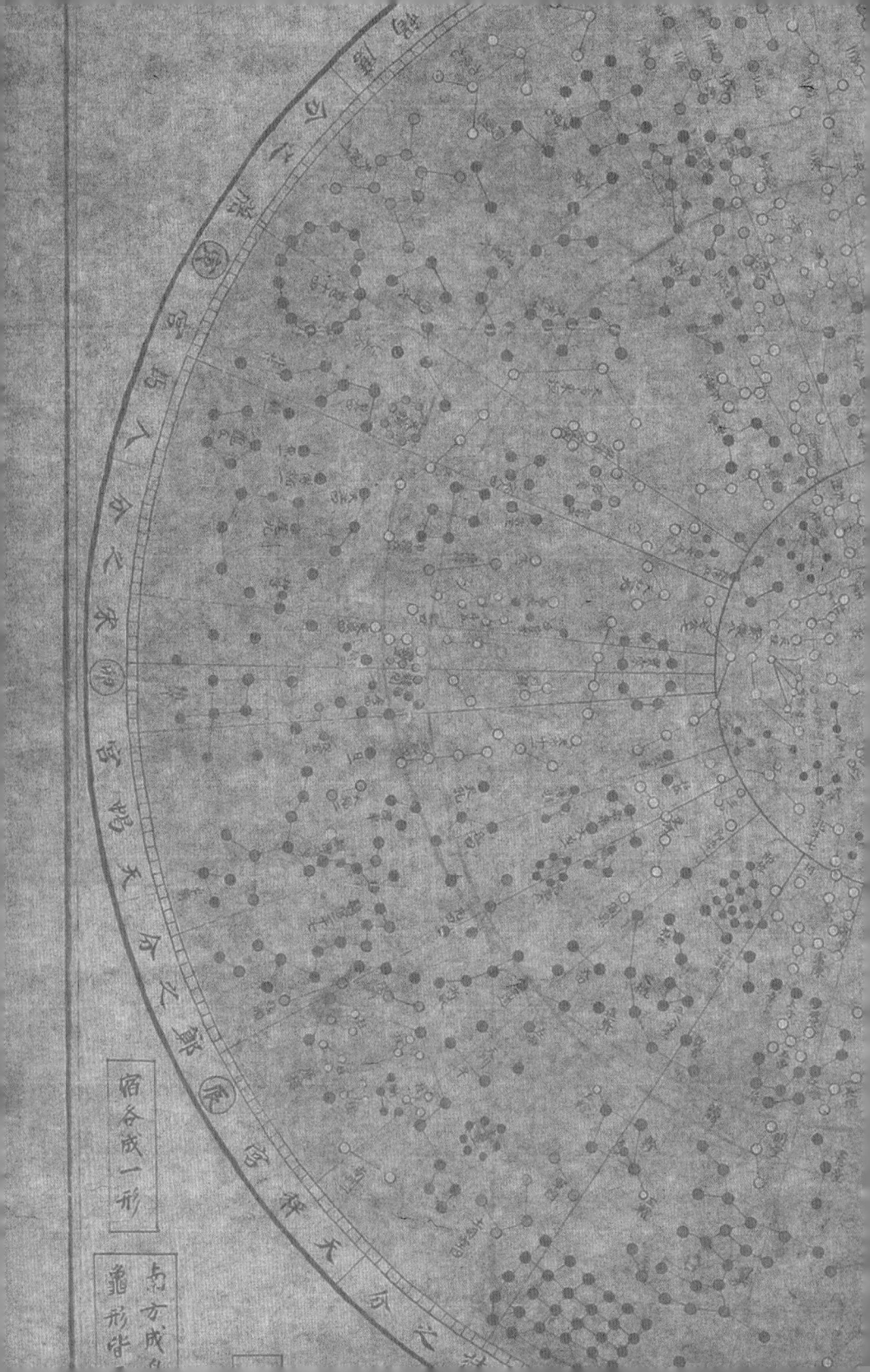

6장

두 과학자를
도와준 사람들

1. 장영실을 도와준 사람들

흔히 장영실의 가장 큰 조력자를 세종이라고 한다. 하지만 세종 역시 장영실이 없었다면 수많은 기계와 기구를 만들 수 있었을까? 물론 세종 없는 장영실은 생각할 수 없다. 그들은 최소 10년 이상 공동으로 연구한 것으로 보인다. 최고 권력자 왕 세종과 가장 낮은 신분인 관노 천민 출신 장영실의 공동 연구. 이보다 더 극적인 사건은 없다. 갈릴레이도 최고 권력자 토스카나 대공의 도움을 받았지만 공동 연구는 아니었다.

장영실과 세종의 공동 연구는 《세종실록》에 기록되어 있다. 1438년(세종 20년) 음력 1월 7일자 '흠경각' 완성에 대해 다음과 같이 적혀 있다. 세종과 장영실이 중요한 연구를 위해 함께한 것을 알 수 있다.

> "흠경각이 완성되었다.
> 이는 대호군 장영실이 건설한 것이나
> 그 규모와 제도의 묘함은 모두 왕이 마련한 것이며,
> 흠경각은 경복궁 침전 곁에 있다."

세종 다음으로 장영실의 조력자는 양반 출신 과학자이며 기술자인 이천과 이순지. 세종은 아이디어를 제공하며 지시를 내리며 공동 연구를 했다면, 장영실과 함께 연구를 실행한 사람은 이천과 이순지였다. 장영실을 중앙 관리들에게 추천한 동래현 관리들, 장영실에게 벼슬 주는 것을 거들었던 황희도 조력자라 하겠다. 누구보다도 장영실의 최대 조력자는 눈물을 닦아 주며 꿋꿋하게 키워 준 어머니이고, 이 모자에게 박수를 보낸 숱한 백성들이었다.

2. 갈릴레이를 도와준 사람들

갈릴레이의 최대 조력자는 그의 아버지 빈첸초 갈릴레이였다고 할 수 있다. 그것은 두 가지 이유 때문이다.

첫 번째는 아버지의 교육열이다. 물론 갈릴레이의 아버지는 갈릴레이가 과학자가 되는 걸 원하지는 않았다. 아버지는 갈릴레이가 의과 대학을 나와 돈을 많이 벌어 경제적으로 여유 있게 집안을 일으켜 세우기를 원했다. 하지만 그 교육열이 갈릴레이가 과학의 길을 가게 되는 계기가 되었다.

두 번째는 음악을 가까이했기 때문이다. 갈릴레이 아버지는 음악 연주가이지만 음악 이론과 음악 실험에도 밝았다. 그러다 보니 갈릴레이와 함께 실험할 때가 많았고 갈릴레이는 그 내용을 자주 기록했다. 그의 아버지 책에 다음과 같은 메모가 적혀 있다.

"왜 그런 일이 일어났는지 생각하지 않은 채
그저 기득권의 권위에만 의지해서 거기에 따르고
증명하려는 사람들이 내 눈에는 부조리하게만 보인다.
나는 기존의 이론과 권위에 아첨하지 않고
자유롭게 질문을 던지고 또 자유롭게 대답하길 원한다.
이런 태도는 진지하게 진실을 모색하려는 사람들에게는 다 통한다."

마치 과학 탐구 방법을 써 놓은 것 같다. 부전자전(父傳子傳)이란 말은 이럴 때 쓰는 말이다.

갈릴레이의 또 다른 조력자는 가난하고 평범한 그를 물심양면으로 지원해 준 토스카나 대공이다. 장영실에게 세종 같은 사람이라 할 수 있다. 갈릴레이가 죽을 때까지 곁에 있었던 몇몇 제자들도 최고의 조력자였다. 또 중세 천동설로 권력을 휘두르던 교회 사람들도 다른 면에서 조력자라고 할 수 있다. 그 사람들 때문에 갈릴레이의 과학 업적과 용기가 더욱 빛났기 때문이다.

갈릴레이의 손가락

갈릴레이는 과학이 종교나 철학에서 벗어나 하나의 학문이 되게 했다. 갈릴레이는 실험과 관찰을 통해 자연의 법칙을 유추해 내는 방법을 사용했고 현대 과학의 모든 분야에 흔적을 남겼다.

이탈리아 피렌체 박물관에서는 갈릴레이의 시신에서 떼어 낸 손가락을 볼 수 있다. 손가락을 담은 통 아래에는 이런 말이 적혀 있다.

> "이 손가락을 하찮게 여기지 마라.
> 별들의 행로를 측정하고 인류가 결코 본 적이 없던
> 천체들을 알려 준 손가락이니.
> 저 높은 신들의 처소에 오르기 위해
> 헛되이 산을 쌓았던 그 옛날
> 젊은 티탄(그리스 신화의 거인족)들의 힘을
> 처음으로 넘어선 손가락이니."

갈릴레이는 과학자를 뛰어넘어 시대의 틀을 바꾼 인물이다. 갈릴레이를 높이 평가하는 이유는 그의 과학적 업적이 훌륭할 뿐만 아니라 갈릴레이 자체로도 상징적 의미가 크기 때문이다.

위성 항법 시스템 갈릴레오

앞에서 살펴봤듯이 위성 항법 시스템은 인공위성 네트워크를 이용해 지상 목표물의 위치를 정확히 추적해 내는 시스템이다. 새로운 위성 항법 시스템 중에 '갈릴레오'라는 것이 있다. 2005년 '지오베(GIOVE)-A' 인공위성 발사를 시작으로 앞으로 총 30기의 인공위성을 쏘아 올릴 예정이다. 이렇게 거대한 시스템에 갈릴레이의 이름을 붙인 것은 그만큼 그가 인류에 끼친 영향이 크기 때문이다.

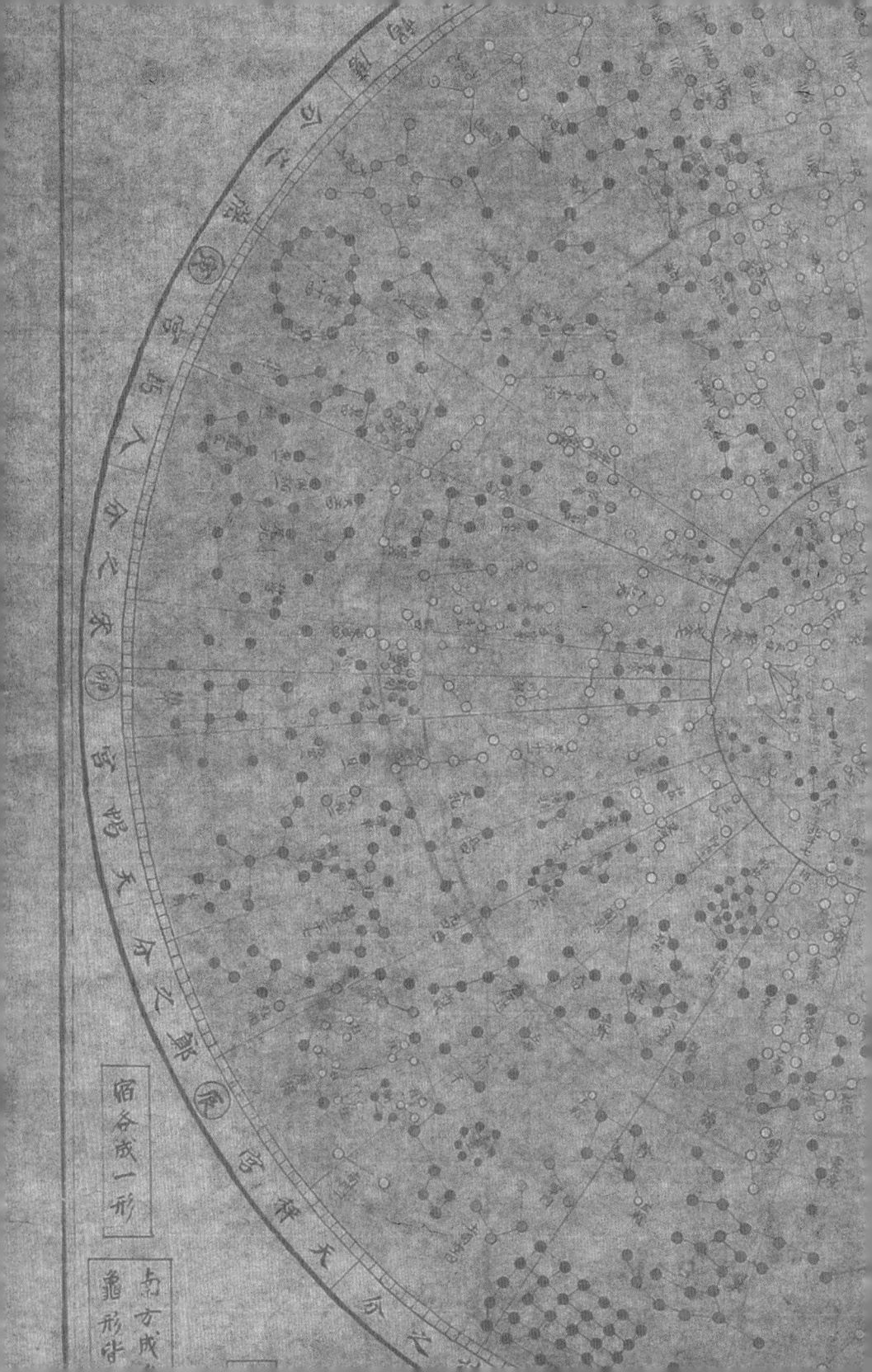

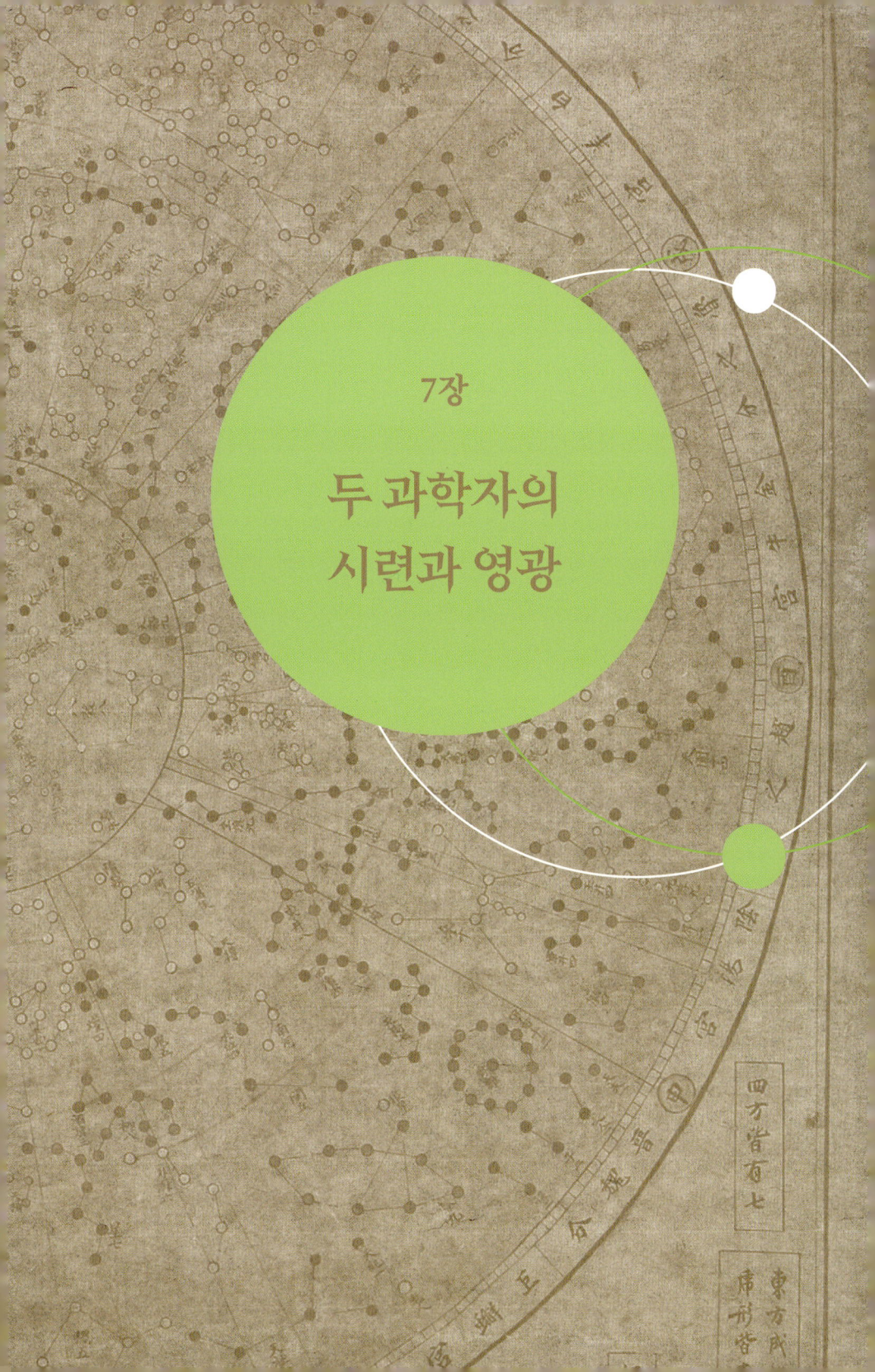

7장

두 과학자의
시련과 영광

1. 장영실의 시련

누구에게나 시련은 늘 따라다니기 마련이다. 하지만 장영실이 갈릴레이보다 시련을 좀 더 많이 겪었을 것이다. 장영실은 천민 출신이었기 때문이다. 조선 시대 노예는 서양의 노예와 비슷하다. 사람 취급을 못 받았고 하나의 물건이고 상품이었다. 그러니 무시당하고 설움을 받았을 것이다. 그런 사실을 알 수 있는 기록이 실록에 남아 있다. 장영실이 정4품 '호군'이라는 벼슬자리에서 자격루를 만든 1434년 7월의 기록이다. 이때 사관은 자격루의 놀라운 원리를 설명하고 이 기계를 총감독한 장영실을 치켜세우면서 동래현의 관노였음을 밝혔다. 장영실이 양반이었다면 출신 자체를 밝힐 필요가 없었을 것이다. 이 기록을 통해 관노로서의 출신 성분이 천형의 굴레처럼 따라다녔음을 알 수 있다. 다행히 그의 뛰어난 재주와 왕의 총예로 다른 사람이 함부로 대하지는 못했지만, 장영실의 시련은 짧은 기록으로 충분히 짐작할 수 있다.

장영실 연표

	정확한 출생 시기 알 수 없음.
1410년대	태종이 장영실의 재주를 알아보고 한성의 궁궐로 불러들임.
1421년	부산 동래현 관청 노예의 신분으로 세종을 만나 천문 관측기구에 관해 토론함. 그 뒤 세종의 명을 받아 윤사웅, 최천구 등과 명나라로 유학 감.
1423년	종5품에 해당하는 상의원 별좌의 벼슬에 임명됨.
1424년	수동 물시계인 경점지기 만듦.
1425년	정5품 사직 벼슬 장영실은 평안도로 가 석등잔 30개를 준비해 오라는 세종의 명을 받음.
1430년	이징과 명나라 랴오닝성 부근에 사냥을 나가 물의를 일으킴. 이 일로 품계가 낮춰지고 벌금을 물게 됨.
1432년	평안북도 벽동군 강경순이 푸른 옥을 얻어 세종에게 바침. 장영실은 옥 캐는 일을 직접 지휘하고 감독함. 김돈, 이천 등의 학자와 함께 대간의 만드는 일에 참여함.
1433년	자격루 완성. 자격루 만든 공을 인정받아 정4품 벼슬에 해당하는 호군 관직에 임명됨.
1434년	경복궁 경회루 근처 보루각을 지어 자격루를 설치함. 자격루의 시각을 나라의 표준 시각으로 사용함. 세종이 지중추원사 이천에게 새로운 금속 활자를 만들어 책을 인쇄하는 데 사용하도록 명령함. 장영실이 일에 함께 참여함.
1437년	기술이 뛰어난 명나라 사람 지원리, 김새가 우리나라에 들어옴. 장영실은 이들에게 금속 제련 기술을 전수받음.
1438년	1월에 흠경각에 설치할 옥루를 완성함. 장영실 벼슬은 종3품 대호군. 흠경각을 경복궁 왕의 침전 곁에 설치함. 9월 경상도 채방별감으로 파견됨. 창원, 울산, 영해, 청공, 의성 등 각 읍의 광산 개발. 그곳에서 생산된 동철과 안강현 소산 연철 등을 바침.
1442년	3월에 왕의 가마 만드는 일 감독함. 가마가 부서지는 사고 남. 이 일로 의금부에서 국문을 받음. 5월에 불경죄로 곤장 80대 맞은 후 관직에서 물러남. 이후 일은 알려진 내용이 없음.

2. 재판받는 갈릴레이

갈릴레이의 지동설은 추기경을 분노하게 만들었다. 지구가 돈다는 것은 종교적 가르침에 어긋났기 때문이다. 당시 종교와 추기경은 왕보다 더 강한 힘을 가지고 있었다. 결국 갈릴레이는 종교 재판을 받았다. 하지만 갈릴레이는 믿음을 저버리지 않았다. 집 안에 갇혀 지내는 가택 연금 벌을 받고 죽는 날까지 연구에 몰두하다 외롭게 죽었다. 찬란한 과학 업적에 비하면 쓸쓸한 죽음이었다.

피렌체 태생, 빈첸초 갈릴레이의 아들,
70세인 나 갈릴레이는
태양이 세계의 중심으로 움직인다고 하지 않으며
지구는 중심이 아니라 움직인다고 주장하고 믿었다는
이단의 강한 의혹이 있는 것으로 선언되었다.
진실한 마음과 흔들리지 않는 신앙을 가지고
나는 앞서 말한 잘못과 이단을
공식적으로 버리며 저주하고 혐오한다.

갈릴레이 연표

1564년	2월 15일 이탈리아 피사에서 빈첸초 갈릴레이 장남으로 태어남.
1575년(11세)	발롬브로사 수도원에서 정규 학업 시작. 수도원에 있는 동안 수도사가 되기로 진지하게 고민함.
1581년(17세)	피사 대학교 의학부에 입학. 진자의 등시성 발견.
1583년(19세)	정규 학과 공부를 제쳐 두고 수학 공부 시작함.
1585년(21세)	학위 없이 학교를 떠남.
1586년(22세)	정수 저울(비중을 알기 위해 물속 물질의 무게를 재는 저울)에 관한 논문으로 유명해짐.
1589년(25세)	고체의 무게 중심에 관한 논문으로 피사 대학교 수학과 강사로 임명됨. 아리스토텔레스의 이론이 실제 하늘에서 관측한 사실과 맞지 않는다고 공격함.
1592년(28세)	베네치아 공화국 파도바 대학교에 수학과 교수가 됨.
1596~1599년 (32~35세)	포술 계산을 위해 개량한 군사용 컴퍼스 만듦.
1602년(38세)	긴 진자의 운동에 대하여 귀도발도에게 편지를 씀.
1604년(40세)	운동 거리는 시간의 제곱에 비례한다는 낙하 법칙과 진자의 법칙 발견함.
1605~1608년 (41~44세)	떨어지는 물체의 속력은 시간에 비례한다는 것을 알아내고, 던진 물체는 포물선의 궤적을 그리며 운동한다는 사실 알아냄.
1609년(45세)	9배 확대 가능한 망원경을 직접 만들어 천체 관측 시작함. 달의 표면에 산들이 있어서 울퉁불퉁하다고 판단함.
1610년(46세)	목성의 위성들을 발견함. 《천계통보(별에서 온 메신저)》 출판. 토스카나 대공의 수학자 겸 철학자로 자리 옮김.
1611년(47세)	로마 방문에서 수많은 찬사를 받고 유럽 최고의 과학자로 인정받음. 교회도 갈릴레이를 반기고 망원경 시연 자리까지 마련해 줌.
1612년(48세)	《물속의 물체들》을 피렌체에서 출판.
1613년(49세)	코페르니쿠스가 옳음을 증명하는 세 통의 편지를 《흑점에 대한 편지》을 묶어 로마에서 출판.

1616년(52세)	종교 재판소에 소환되어 코페르니쿠스의 이론을 버리라고 경고받음.
1622년(58세)	과학 철학을 집대성한 《황금계량자》 출판. 과학은 실험과 관찰에 의존하는 학문임을 밝힘.
1624년(60세)	로마를 방문하여 교황 우르바누스 8세를 알현한 뒤 곧 《대화》를 쓰기 시작함.
1632년(68세)	6년간의 집필 끝에 《두 우주 체계에 대한 대화》 출판.
1633년(69세)	로마로 소환되어 재판받음. 무기징역 선고받음. 교황 배려로 죽을 때까지 피렌체 집에서 가택 연금됨.
1634년(70세)	장녀 마리아의 죽음 후 절망했으나 다시 힘을 내 《두 새로운 과학에 관한 논의와 수학적 논증》을 네덜란드에서 출판.
1637년(73세)	시력을 완전히 잃음.
1642년(78세)	피렌체 근처 아르체트리 빌라 자택에서 숨짐. 죽을 때까지 제자 비비아니와 토리첼리를 지도함.

3. 장영실 시대의 서양, 갈릴레이 시대의 조선

장영실 시대의 서양

장영실이 살았던 시기를 대략 고려 말인 1390년에서 조선 세종 때인 1450년으로 잡으면 15세기 전반이다. 이때는 암흑 중세의 혼란과 근대 새벽인 르네상스가 공존하는 시기다. 14세기에서 16세기에 이탈리아를 중심으로 일어났던 반중세 운동이 르네상스다. 그렇다고 17세기부터 근대가 열렸다는 것은 아니다.

브르노 신부가 지동설을 주장하다 화형당한 것이 1600년이니 15세기 전반에는 아직도 인간을 가장 잔인하게 죽이고 재산을 빼앗는 마녀사냥이 많이 일어났다. 공교롭게도 우리도 선비들을 죽이는 '사화'가 1498년부터 일어났다. 서양은 장영실이 가마 사건으로 쫓겨난 지 4년 뒤인 1445년에 구텐베르크 활판 인쇄술을 발명했다.

갈릴레이 시대의 조선

갈릴레이는 1564년에 태어나 1642년에 운명하는데 중요한 활동을 한 시기는 1580년대부터였다. 우리나라는 1592년에 임진왜란이 일어났다. 1545년부터 1567년까지 외척의 횡포를 막지 못한 명종이 나라를 다스렸고, 1567년부터 1608년까지 환난을 막지 못한 선조가 다스렸다. 1608년부터 1623년까지는 인조반정으로 물러난 광해군이 집권했다. 어려운 시기였지만 부정적이지만은 않았다. 이순신은 전쟁을 하면서도 뛰어난 과학과 기술의 성과인 거북선을 만들어 큰 승리를 거두었다.

4. 마지막 날들

바람처럼 나타나 바람처럼 사라진 장영실

1442년 3월 16일(음력)은 참으로 비극적인 날이다. 이날 실록은 이렇게 기록하고 있다.

> "대호군 장영실이 왕이 타는 가마를 감독하여 만들었는데 튼튼하지 못하여 부러지고 허물어졌으므로 의금부에 내려 국문하게 하였다."

여기서 국문이란 임금의 명령에 따라 죄인을 심문하는 일을 말한다. 두 달 뒤 기록은 더욱 비극적이다. 1442년 5월 3일, 세종이 박강, 이순로, 이하, 장영실, 임효돈, 최효남의 죄를 황희에게 의논하게 하였더니 여러 사람이 다음과 같이 말했다.

"이 사람의 죄는 불경에 관계되니, 마땅히 벼슬을 회수하고 곤장을 집행하고 그 나머지 사람들도 징계해야 될 것입니다."

세종은 이 말을 그대로 따랐다. 장영실이 왕의 가마가 부서지는 바람에 책임자로서 곤장을 맞고 쫓겨난 것은 너무 안타까운 일이다. 하지만 불경죄의 벌이 그 정도에 그친 것은 기적에 가까웠다.

장영실도 갈릴레이 못지않게 쓸쓸한 죽음을 맞이했다. 궁궐에서 쫓겨난 이후 이야기는 아무도 모른다. 찬란한 업적에 비해 어둡고 쓸쓸한 마지막이다.

왕의 가마가 부서지지 않았다면?

　왕의 가마가 부서지지 않았다면 장영실의 인생은 어떻게 변했을까? 그가 쫓겨난 이유는 장영실이 총감독한 왕의 가마가 부서졌기 때문이지만 또 다른 이유가 있을 수 있다.

　첫째, 장영실이 천민 출신인데 승승장구 출세했으니 당시 높은 양반들이 시기해 장영실을 몰아내려고 누군가 가마를 일부러 부서지게 했다는 음모설이 있다. 하지만 만약 그렇다면 그야말로 대역죄

다. 장영실을 몰아내기 위해 그 정도의 위험한 일을 벌였다고 보기는 어려운 면이 있다.

둘째, 중국의 견제로 보는 설도 있다. 조선이 독자적인 달력을 만들고 하늘을 관찰하고 연구하는 것은 당시 사대주의 흐름과 맞서는 일이었기 때문이다. 중국만이 세계의 중심이고 달력과 천문의 중심이어야 하는데 작은 조선에서 독자적으로 하늘의 이치에 다가섰으니 중국은 위협을 느꼈을 것이다.

장영실의 묘, 그리고 영정

장영실의 묘는 충남 아산에 있다. 언제, 어떻게 죽었는지도 모르는데 묘는 왜 아산에 있을까? 장영실의 8대조 할아버지가 송나라 사람인데 고려에 귀화하면서 아산 땅을 하사받아 뿌리를 두고 살았기 때문이다. 후손들이 영남 지방으로 흩어지게 되어 장영실은 경남 동래에서 태어났다. 장영실의 모습도 알려진 게 없어서 '과학 선현 장영실 선생기념 사업회'에서 후손 40여 명의 얼굴을 합성해 영정을 만들었다. 아산 호서대학교 장영실 연구소에 그 영정이 있다.

마지막까지 연구와 교육에 몰두했던 갈릴레이

갈릴레이는 73세인 1637년 시력을 완전히 잃었다. 78세인 1642년에 운명했으니 무려 5년간이나 실명한 상태로 지냈다. 하지만 아들과 제자들의 도움으로 교육과 집필을 계속할 수 있었다. 다행히 시력을 완전히 잃기 3년 전 1634년, 70세에 장녀 마리아의 죽음 후 절망을 극복하고 《두 새로운 과학에 관한 논의와 수학적 논증》을 네덜란드에서 출판했다. 왜 하필 네덜란드였을까? 종교 재판에서 겉으로는 굴복한 척했으나 결코 자신의 신념과 과학의 진실을 덮을 수는 없었기 때문이다. 당시 네덜란드는 종교 탄압이 심하지 않았다. 용감하게 이 책을 출판했기에 갈릴레이의 명성은 더욱 높아졌다.

그 후 8년 뒤에 갈릴레이는 세상을 떠났다. 그는 아무 흔적 없이 사라진 장영실보다는 훨씬 행복한 끝을 맞이했던 것 같다. 아들, 딸과 제자들이 임종을 지켰기 때문이다. 또한 갈릴레이 제자 빈첸초 비비아니(1622~1703년)가 그의 첫 번째 전기를 써서 스승의 위대한 업적을 남겼으니 얼마나 행복한 일인가! 갈릴레이가 운명하자 토스카나 대공은 궁정 수학자이자 철학자의 명예에 맞게 갈릴레이의 장례식을 치르려고 했지만 종교 재판소의 반대로 거행하지 못했다. 종교 재판소는 종탑 아래 시신을 감췄다. 이후 100년이 지나서야 그의 관은 피렌체의 산타크로체 교회의 좋은 자리로 이장되었다.

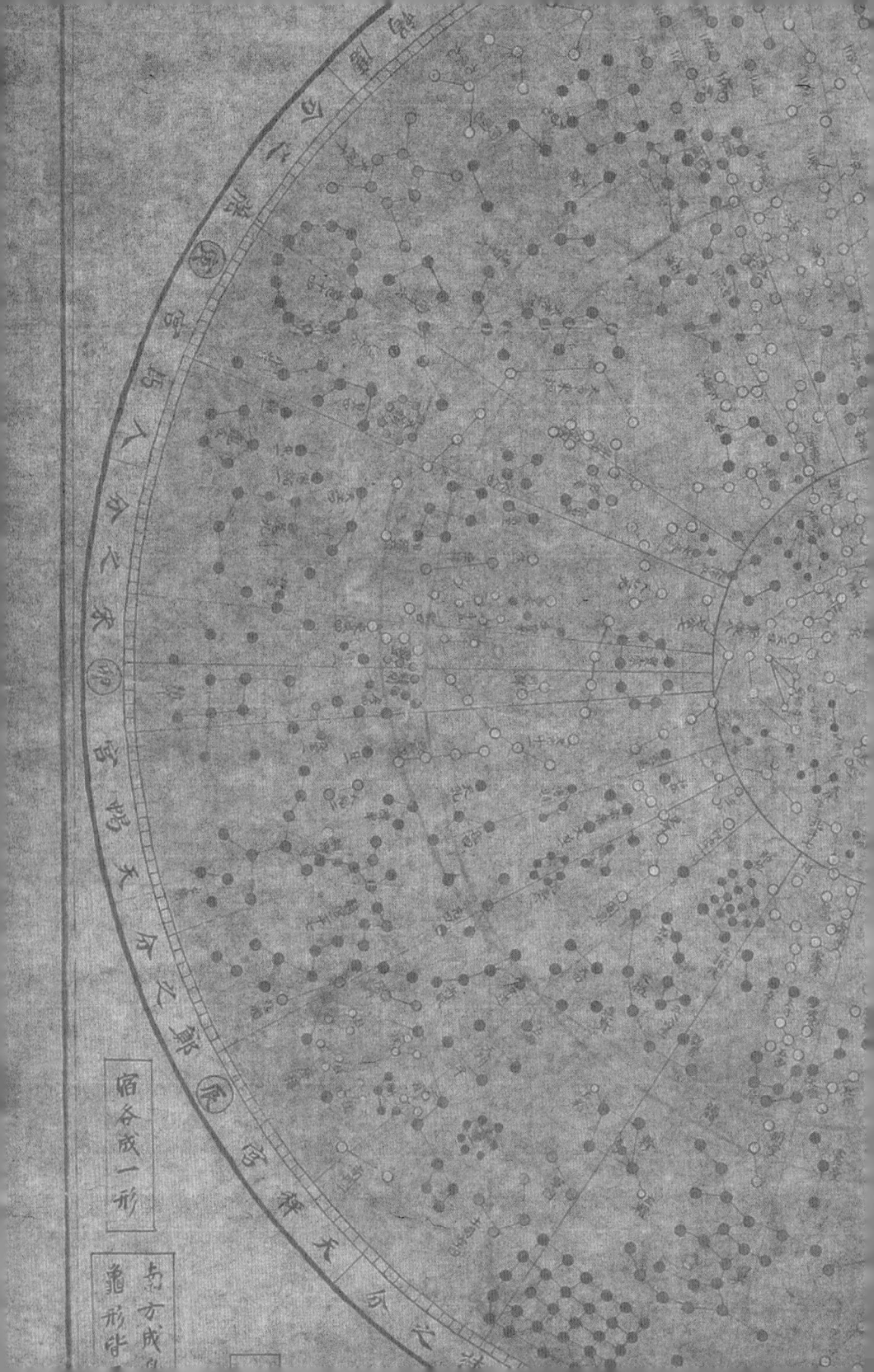

8장

과학, 말하고 쓰기

 **내 생각 말하기**

1) 갈릴레이와 장영실의 실험 과학에 대해 토론을 시작해 보자.

▶ 토론 예

우주   이 책을 읽고 너무 부끄러웠어. 두 분 모두 실험을 중요하게 여겼는데 나는 과학 실험을 아주 싫어했거든.

민국   그건 학교에 제대로 된 실험실이 없어서잖아.

대한   나는 학교 잘못도 있고 우리 태도도 문제라고 봐. 객관식 문제로 과학을 공부하면서 아무 문제도 못 느꼈으니 말이야.

우주   실험실이 있어야 실험을 잘하는 것은 아니라고 생각해. 갈릴레이나 장영실도 좋은 환경에서 과학을 한 것은 아니었잖아.

민국   둘 다 권력자들이 도와줘서 가능했지. 정부에서 학교에 좋은 시설을 갖춰 주면 우리나라에서도 훌륭한 과학자가 더 많이 나올 거라고 생각해.

대한   시설도 중요하지만 노력하는 자세가 더 중요하다고 생각해. 갈릴레이도 망원경을 처음 발명한 건 아니니까. 노력해서 뛰어난 관찰 도구로 만들었잖아.

2) 장영실과 갈릴레이, 누가 더 위대한 과학자인가? 토론을 이어가 보자.

▶ 토론 예

만세   장영실이 더 위대해. 천민이 그런 업적을 남긴 건 기적이야.

빈첸초   신분 중심으로 보지 말고 실제 업적을 봐야 한다고 생각해. 갈릴레이는 지동설로 새 시대를 열었으니 더 위대해.

만세   지동설을 갈릴레이가 처음으로 주장한 건 아니잖아.

빈첸초   장영실의 시계 발명도 마찬가지야. 중국에서 전해 오는 것을 개량하여 발전시킨 거니까.

메칠레   누가 더 위대한지 따지기는 어려워. 시대도 다르고 나라도 다르잖아.

빈첸초   그런 식이면 이 세상에 비교할 만한 게 뭐가 있겠어?

만세   장영실, 갈릴레이 둘 다 위대했어. 다만 장영실이 훨씬 앞선 시대에서 우주를 관찰하고 시계를 발명했으니까 더 위대하다는 거지. 뭐든지 가장 먼저 한 게 중요하잖아.

빈첸초   그 말은 인정. 갈릴레이도 가장 먼저 망원경을 제대로 만들어 목성과 위성을 관찰하고 지동설을 처음으로 입증한 거나 마찬가지니까.

3) 장영실이 천민 출신이지만 높은 벼슬에 오르게 되었다. 개인 능력이 더 중요한가? 그를 발탁하고 키운 태종이나 세종의 의지가 더 중요한가? 토론해 보자.

▶ 토론 예

개인 능력이 더 중요하다.	그를 뽑아 준 사람이 더 중요하다.
장영실에게 호기심과 연구할 의지가 없었다면 이와 같은 연구 성과가 나오지 않았을 것이다.	태종이나 세종이 장영실에게 그런 기회를 주지 않았다면 장영실은 그 능력을 발휘할 수 없었을 것이다.
장영실이 아니었더라면 독특한 생각과 발명이 불가능했을 것이다.	조선 시대에 천민이 높은 벼슬을 갖는 것은 특별한 일이었다.
뛰어난 인재를 벼슬에 오르게 하여 연구 지원을 하는 것은 곧 국가 경쟁력을 높이는 것이기도 하다.	만만치 않은 연구 비용을 나라에서 지원해 주었기 때문에 연구가 수월했다.

토론 발제문

개인 능력이 더 중요하다.

장영실이 천민 출신이지만 높은 벼슬에 오르게 된 원인은 장영실 개인의 능력 때문이다. 그러므로 개인 능력이 중요하다. 장영실에게 호기심과 연구할 의지가 없었다면 이와 같은 연구 성과가 나오지 않았을 것이다. 학원을 여러 개 다니지만 성적이 좋지 않은 친구가 있다. 반면 학원을 다니지 않아도 수업에 집중하고 공부를 열심히 해 성적이 좋은 친구가 있다. 이것을 보면 자신의 의지와 개인 능력이 더 중요함을 알 수 있다.

또한 장영실의 뛰어난 과학적 재능과 상상력이 아니었다면 이와 같은 발명이 불가능했을 것이다. 장영실만의 독특한 생각이 발명으로 이끈 것이라 생각한다. 또 국가적으로 장영실과 같은 뛰어난 인재를 벼슬에 오르게 하여 연구 지원을 하는 것은 곧 국가 경쟁력을 높이는 것이므로 당연한 일이다.

그를 뽑아 준 사람이 더 중요하다.

장영실이 높은 벼슬에 오르게 된 원인은 장영실을 발탁하고 키운 태종이나 세종의 의지 때문이다. 조선 시대에 관노 출신 천민이 높은 벼슬을 갖는 것은 매우 특별한 일이었다. 태종이나 세종이 장영실에게 기회를 주지 않았다면 장영실은 그 능력을 발휘할 수 없었을 것이다. 세종은 뛰어난 과학 지식과 과학적 사고로 장영실에게 자격루를 비롯한 많은 과학 발명품을 만들게 했다.

또한 만만치 않은 연구 비용을 나라에서 지원해 주었기 때문에 장영실의 연구가 수월했다. 물론 개인의 능력도 중요하지만 그 능력을 발휘할 수 있는 지원 없이는 한계가 있기 때문이다.

내 생각 쓰기

1. 갈릴레이와 더불어

> 1) 여러분이 앉아 있는 책상 위에서 가벼운 연필과 연필보다 10배 무거운 지우개를 떨어뜨렸다면 어떤 것이 먼저 떨어질까? 또 솜 1kg과 쇠 1kg을 떨어뜨린다면 어떻게 떨어질까?

▶ 쓰기 예

　예전에는 무조건 10배 무거운 지우개와 쇠가 먼저 떨어질 것이라고 생각했다. 그러나 갈릴레이에 대해서 자세히 배운 뒤로는 새로운 사실을 알게 되었다. 공기와 같이 방해하는 힘만 없다면 똑같은 데서 떨어뜨린 물체는 무게와 관계없이 똑같은 속도로 떨어진다는 것이다. 다만 공기 저항이 있는 곳에서는 당연히 더 무겁거나, 같은 무게일 경우 부피가 작으면 더 빨리 떨어진다. 책상 위에서 실험한다면 지우개가 연필보다 빨리, 쇠 1kg이 솜 1kg보다 빨리 떨어질 것이다. 다만 충분히 높은 곳에서 실험하지 않아 눈에 잘 보일 정도로 차이가 나지는 않을 것이다.

2) 지동설은 갈릴레이가 처음 주장한 것이 아닌데 갈릴레이가 왜 지동설로 유명해졌을까?

▶ 쓰기 예

　지동설을 누가 처음 이야기했는지도 중요하지만 누가 어떻게 주장하고 입증했느냐가 더 중요하다. 갈릴레이는 1610년, 46세 때 망원경을 직접 개량하여 목성의 위성들을 발견했다. 목성을 돌고 있는 위성은 지동설의 확실한 근거였다. 이런 성과에 힘입어 갈릴레이는 49세 때인 1613년에 코페르니쿠스가 옳음을 증명하는 세 통의 편지를 《흑점에 대한 편지》로 묶어 로마에서 출판했다. 이로써 지동설을 확실하게 증명하게 된 것이다.

　더욱이 갈릴레이의 지동설이 유명해지고 높게 평가받는 것은 종교 재판을 받았기 때문이다. 1616년, 52세 때 종교 재판소에 소환되어 코페르니쿠스의 이론을 버리라고 경고를 받았다. 일단 여기에 굴복했지만 다시 소신을 살려 1632년 68세 때 6년 동안 집필한 《두 우주 체계에 대한 대화》를 출판했다. 종교 재판소에서 어쩔 수 없이 부정했던 과학의 진리를 세상에 널리 알리게 되었다.

3) 갈릴레이가 재판받을 때 내가 갈릴레이라면 어떻게 대응했을까?

▶ 쓰기 예

　살다 보면 누구나 어려운 일에 부닥칠 때가 있다. 그럴 경우 원칙을 지키는 게 좋을 수도 있고, 반면 융통성을 발휘해야 할 때도 있다. 예를 들어 소크라테스는 융통성을 거부하고 독약을 마셔 더욱 그 삶이 숭고해졌다. 하지만 갈릴레이는 일단 현실과 타협한 뒤 더 큰 업적을 남겼다. 실제로 갈릴레이는 1616년 종교 재판에서 자신의 소신을 어쩔 수 없이 굽히지만 16년 동안 더욱 노력해 1632년에 《두 우주 체계에 대한 대화》를 세상에 남기게 되었다. 그렇지만 내가 갈릴레이라면 소신을 굽히지 않고 계속 주장했을 것이다.

▶ 쓰기 예

　만약 내가 갈릴레이였다면 과학적 사실도 중요하지만 일단 목숨이 중요하기 때문에 태양이 지구 주위를 돌고 있다고 말했을 것이다. 재판에서 지동설 주장을 계속 고집했더라면 그 자리에서 바로 형 집행을 당했을 것이고, 후에 과학 연구를 더 이상 하지 못한 채 죽었을 것이다. 재판에서는 내 뜻을 굽히고 살아 나와서 과학을 연구하는 것이 나와 모두를 위해서 현명한 일이라고 생각한다.

4) 갈릴레이가 똑같은 능력을 가지고 조선(명종, 선조 시절)에 태어났다면 어떤 일이 벌어졌을지 상상해 보자.

▶ 쓰기 예

긍정적으로 볼 경우

갈릴레이가 조선에 태어났다면 장영실의 업적을 계승했을 것이다. 장영실은 1400년대 초반, 중반에 활동했으므로 갈릴레이가 주요 업적을 남기기 100년 전에 이미 물시계나 측우기를 발명했다. 그러나 안타깝게도 그러한 놀라운 발명품이 후세에 계승 발전되지 못했다. 그러므로 제2의 장영실인 갈릴레이가 조선에 태어났다면 뛰어난 업적을 계승하여 과학을 더욱 발전시켰을 것이다.

또한 하늘과 물질에 관한 학문이 좀 더 발전해 실용 과학이 아주 발달했을 것이다. 조선의 역법도 중국보다 훨씬 더 발전해 세계적으로 위상을 펼쳤을 것이다. 그리하여 첨성대보다 더 정확한 천문대를 세웠을 것이다.

부정적으로 볼 경우

갈릴레이가 아무리 위대한 천재라 해도 시대 상황이 좋지 않거나 누군가의 도움이 없다면 능력을 발휘할 수 없다. 갈릴레이가 뛰어난 활동을 했을 때의 조선은 무척 암담한 때였다. 명종은 어린 나이에 왕이 되어 그의 어머니인 문정왕후가 권력을 마음대로 휘둘러 인재들이 자신의 재주를 제대로 발휘할 수 없었다. 인재를 모두 죽였던 무오사화, 갑자사화, 기묘사화, 을사사화 가운데 을사사화가 명종 때 일어났다. 임진왜란 때도 전쟁의 승리를 이끌었던 이순신 장군을 옥에 가두고 뛰어난 승리를 거두었던 의병장 김덕룡 장군을 죽이기까지 했다. 이런 암담한 현실 속에서 갈릴레이가 제 역할을 다하기는 어려웠을 것이다. '지구는 태양 주위를 돈다!'고 말했다면 죽임을 당하든가 미친 사람 취급을 받았을 것이다.

　장영실이 자신의 과학적 재주를 발휘할 수 있었던 것은 태종이나 세종처럼 인재를 알아보는 왕이 있었기에 가능했다. 그러나 불행히도 명종이나 선조는 그런 왕이 아니었기 때문에 갈릴레이는 재주를 발휘할 수 없었을 것이다.

5) 갈릴레이는 의사가 되는 길을 접고 수학자(물리학자)의 길을 택했다. 오늘날 한국의 청소년들은 물리학자보다는 의사의 길을 더 많이 택한다. 왜 그럴까? 이런 현상은 심각한 문제일까? 아닐까?

▶ 쓰기 예

심각한 문제다.

우리나라 청소년들이 의대 쪽으로 진학하려는 것은 심각한 문제다. 왜냐하면 의사로서의 책임감을 충분히 가지지 않았기 때문이다. 돈을 많이 벌고 명성을 얻으려고 의대에 간다는 이야기를 들었다. 의료 기술은 물리, 생물 등 기초 과학이 발달되어야 함께 좋아진다. 하지만 너도나도 의대 쪽으로만 간다면 기초 과학 분야는 당연히 어려움에 처할 것이다. 나중에는 의료 기술에도 문제가 생길 것이다. 우리가 공대나 이과대를 나와도 돈을 많이 벌고 즐겁게 살 수 있으면 좋겠다.

문제가 아니다.

어떤 시대나 유행이 있기 마련이다. 유행이 있다면 나름대로 다 이유가 있다. 따라서 의대 쪽으로 쏠리는 것은 문제가 안 된다. 의료 분야는 사람의 생명을 다루는 곳이다. 그러므로 뛰어난 인재가 필요하다. 사람의 생명만큼 귀중한 것이 어디 있겠는가. 물리, 화학, 생물 같은 기초 과학을 피하는 것은 그들만의 잘못은 아니다. 그런 어려운 과학을 공부하고 일하는 사람들을 국가와 우리 사회가 잘 대우해 줘야 하는데 그렇지 않기 때문이다.

2. 장영실과 더불어

1) 장영실의 발명품 중 가장 가치 있는 발명품을 꼽고 그 이유를 말해 보자.

▶ 쓰기 예

가장 가치 있는 장영실의 발명품은 물시계라고 할 수 있다. 물시계는 태양이 있을 때만 쓸 수 있고 날씨가 좋지 않거나 밤에는 사용할 수 없는 해시계의 치명적인 단점을 보완했기 때문이다. 또한 자동으로 시각을 알려 주는 물시계인 자격루의 발명으로도 이어지기 때문이다. 물시계는 한양 밖에 있는 백성들에게까지 비교적 정확한 시간을 알게 했고, 때를 잘 맞추어야 하는 농사일에 도움을 주었다. 가장 가치 있는 발명품이라고 생각한다.

▶ 쓰기 예

　　장영실의 모든 발명품이 무척 소중하지만 우리가 어떻게 생각하느냐에 따라 중요한 정도가 다를 수 있다. 나는 장영실 발명품 중에 가장 가치 있는 것은 하늘을 관찰할 수 있는 도구 중 '대간의'와 '소간의'라고 생각한다. 과학의 기본은 관찰이다. 제대로 된 관찰과 정확하게 관찰할 수 있는 도구야말로 과학 발전의 밑바탕이다. 따라서 하늘을 제대로 관찰할 수 있는 도구가 가장 소중한 발명품이라 할 수 있다. 장영실은 이런 도구를 더욱 발전시켜 태양의 높낮이와 출몰을 관찰할 수 있는 규표를 만들고 흠경각도 만들었다. 많은 사람이 그의 대표 발명품으로 물시계를 꼽지만 규표 같은 천문 관측 발명품이 있었기에 시계 발명도 가능했을 것이다.

2) 만약 장영실이 뛰어난 재주가 있었다고 해도 힘 있는 사람, 왕에게 인정받지 못했다면 그의 삶은 어떻게 되었을까?

▶ 쓰기 예

　　장영실의 과학 재능은 어디서든지 발휘되었을 것이다. 신분은 낮지만 끊임없이 연구하고 여러 가지 과학 발명품을 제작해 입소문으로 유명해져서 사람들의 인정을 받게 되었을 것이다. 혹은 그러지 못했더라도 장영실은 자신의 능력을 후손에게 그대로 물려주어 어떻게 해서든지 세상에 알렸을 것이다. 장영실의 뛰어난 과학 재능과 상상력, 연구에 대한 의지는 어떤 신분이었든지 숨길 수 없었을 것이라고 생각한다.

3) **장영실이 뛰어난 업적에도 불구하고 벼슬을 박탈당한 이유는 무엇이라고 생각하는가?**

▶ 쓰기 예

　장영실이 벼슬을 박탈당한 것은 하루아침의 일이다. 장영실이 만든 왕의 새 가마가 부러져 불경죄를 저질렀기 때문이다. 그러나 더 큰 이유가 있었을 것이다. 천민을 하찮게 여기던 그 시대에 장영실은 종3품 대호군까지 올라갔으니 당시 힘센 양반들의 눈엣가시였을 것이다. 따라서 많은 견제를 받고 있을 때 그런 일이 벌어져 걷잡을 수 없는 결과로 이어졌다고 생각한다.

4) 세종이 장영실을 끝까지 지켜 주지 못한 이유는 무엇일까? 일기 형식으로 써 보자.

▶ 쓰기 예

　세종 일기 1442년 1월 15일.

　나는 이제 그만 너를 놓아주려 한다. 우리가 함께하는 동안 눈물겨운 노력으로 세상에 못 이룰 것이 없었고 부러울 것이 없었다. 새 기술을 발명하는 면에서는 중국보다 우리가 앞선 것도 분명 있었지만 지금 정세가 우리를 시기하고 있다. 특히 중국이 강력히 견제를 하고 있다. 우리가 안전하기 위해서는 연구를 접고 헤어져야 할 것 같다. 내 과학 친구 장영실. 미안하다.

5) 만일 세종의 가마가 부서지지 않았다면 장영실은 어떤 꿈을 이루었을지 설명해 보자.

▶ 쓰기 예

　장영실이 연구와 발명을 계속했다면 무척 대단한 업적을 남겼을 것이다. 장영실은 훈민정음 창제 1년 전에 궁궐에서 쫓겨났고, 그 후 조선의 과학은 발전하지 못했다. 훈민정음 창제 이후에도 장영실이 세종 곁에 있었다면 훈민정음을 위한 금속 활자를 발명했을 것이다. 장영실이라면 한문 식으로 글자를 통째로 만드는 것이 아니라, 오늘날처럼 자음과 모음을 떼어서 활자를 만들고 조합하여 간편하게 쓸 수 있도록 했을 것이 분명하다.

3. 갈릴레이와 장영실

1) 갈릴레이는 세계적으로 위대한 과학자로 인정받고 있는데 장영실은 세계적으로 알려지지는 않았다. 그 이유는 무엇일까?

▶ 쓰기 예

장영실의 과학 업적은 당시 다른 나라 과학자들 업적에 견주어 보아도 대단하다. 그러나 장영실의 업적이 우리나라에서뿐만 아니라 세계 다른 나라에서도 크게 인정받지 못하고 있다. 그 이유는 나라 바깥보다 나라 안에 있다.

갈릴레이는 자신의 뛰어난 업적을 모두 글로 남겼다. 그러나 장영실은 그 자신도, 국가 기관에서도 기록에 남기지 않았다. 과학과 기술을 경시하는 태도 때문이라고 볼 수 있다. 과학과 기술을 경시하는 태도가 아니라면 사관들이 《조선왕조실록》에 자세히 기록을 해 놓았을 것이다. 장영실이 한문을 몰라서 기록하지 않았다고 보기도 어렵다. 장영실은 1년간 중국 유학을 다녀왔다. 중국에서 온갖 책을 읽고 배우기에 무리가 없었을 것이다.

가장 아쉬운 것은 훈민정음 창제 직전에 장영실이 큰 벌을 받았다는 것이다. 관직에 좀 더 오래 있으면서 한글로 기록해 놓았더라면 하는 아쉬움이 크다.

▶ 쓰기 예

첫째, 장영실이 천민이었기 때문이다. 장영실은 태종의 부름을 받고 일했고 세종의 총애를 받으며 여러 업적을 남겼지만, 신분제를 중시하고 편 가르기를 좋아하는 조정 대신들, 특히 유학을 숭상하는 자들은 과학을 천하게 여겼다. 천민 출신인 장영실의 업적은 크게 빛날 수 없었다. 따라서 장영실의 업적을 이어받아 연구할 사람도 없었기 때문에 지금까지도 잘 알려지지 않은 것이다.

둘째, 우리나라가 홍보력이 부족하기 때문이다. 장영실같이 유명한 업적을 남긴 인물은 국제적으로 알려야 한다.

셋째, 우리나라의 잘못된 교육 과정 때문이다. 학교에서 서양 과학자들의 이름을 외우고 법칙을 배우지만 우리나라의 훌륭한 과학자들에 대해서는 충분하게 배우지 않는다. 장영실의 업적에 대한 깊은 연구가 필요하다.

2) 장영실과 갈릴레이의 공통점은 무엇일까?

▶ 쓰기 예

갈릴레이는 피렌체의 시민 계급 출신이고, 장영실은 관기의 소생으로 부산 동래현의 관노 출신 천민이다. 둘 다 신분이 높지 못했지만 어릴 때부터 과학에 남다른 재능이 있었다.

갈릴레이는 진자의 주기를 연구하여 오늘날 정확한 시계의 기반을 제공하였고, 장영실은 우리나라 최초의 자동 물시계를 만들었다. 또한 이 둘은 '시간'이라는 개념에 관심이 많았고, 여러 과학 업적으로 과학 기술 수준을 급속하게 끌어올리는 데 공헌했다.

갈릴레이는 망원경을 만들어 천체를 관측했고, 장영실은 천체 관측용 대간의, 소간의를 제작하고 완성했다. 둘 다 천체에 관심이 많았다.

갈릴레이는 《흑점에 대한 편지》를 발표하였고, 장영실은 태양의 고도와 출몰을 측정하는 '규표'를 제작하고 완성했다. 둘 다 태양에 관해 연구했다. 물론 혼자만의 노력으로 모든 업적을 남긴 것은 아니었다. 갈릴레이는 고향 피렌체에서 토스카나 대공인 메디치가의 전속학자가 되었고, 장영실은 왕의 특명으로 발탁되어 상의원 별좌가 되면서 노예의 신분을 벗었다. 둘 다 자신의 능력을 인정받았고 과학 문화의 황금기의 정점에 있었다.

또한 갈릴레이는 지동설을 주장해 종교 재판을 받았고, 장영실은 왕의 가마가 부서져 불경죄로 의금부에서 장형을 받고 파직당했다. 둘 다 큰 시련을 겪었다. 죽은 뒤에는 묘소조차 만들지 못했으나 훗날 묘소가 마련된 점도 같다.

3) 장영실과 갈릴레이의 차이점 세 가지를 찾아 써 보자.

▶ 쓰기 예

출생과 사망의 기록이 갈릴레이는 분명한 반면, 장영실은 미상이다. 활동했던 시대에서 차이를 보인다. 장영실은 동서양의 교류가 거의 없던 15세기 중엽에 조선이라는 작은 나라에서 활동했고 갈릴레이는 암흑 중세를 벗어나는 시기에 이탈리아에서 활동했다.

장영실은 주로 과학 발명에 치중했고, 갈릴레이는 천문학, 물리학, 수학에 두루 업적을 남겼다. 장영실은 생활에 필요한 실용 연구에 몰두했고 갈릴레이는 학문 연구에 집중했다.

장영실은 조선에서 정식으로 교육받지 못했지만 갈릴레이는 학교교육을 충분히 받았다. 장영실은 과학자로서의 기록만 있고 갈릴레이는 교사로 활동하고 후대 양성에 힘썼다는 기록이 있다. 장영실은 스스로 쓴 기록물을 남기지 않았고 갈릴레이는 여러 책과 논문을 남겼다.

4) 장영실이 1443년 무렵 이탈리아에서 태어났다면 어떤 일이 생겼을까?

▶ 쓰기 예

장영실이 이 무렵 이탈리아에서 태어났다면 뛰어난 과학 재능으로 바늘이 있는 시계를 최초로 만들었을 것이다. 그 시계는 '장영실 시계'라는 브랜드를 달고 명품시계로 상품화되어 오늘날 고가에 팔리고 있을 것이다.

5) 장영실과 갈릴레이가 천국에서 만났다면 나누었을 대화나 토론을 적어 보자.

▶ 쓰기 예

장영실 (갈릴레이의 망원경으로 밤하늘을 보며) 갈릴레이, 나는 살아생전에 이렇게 멋진 광경을 본 적이 없소. 렌즈 안에서 반짝이는 저 별들이 정말 아름답소. 자네 정말 대단한 걸 발명했구려.

갈릴레이 뭘요, 어르신도 저와 비슷한 시대에 태어나셨더라면 이 정도는 쉽게 만드셨을 겁니다. 알고 보면 원리가 아주 간단하거든요.

장영실 나는 중국의 '간의'만 보고도 신기함과 놀라움에 밤잠을 못 이루곤 했는데, 자네의 망원경으로 밤하늘을 보고 나니 살아생전 이런 걸 보지 못했다는 게 한이 되는구려.

갈릴레이 저는 어르신보다 운이 좋았습니다. 조선이 임진왜란으로 혼란스러울 때 저는 이탈리아에서 지중해의 햇살을 받으며 연구에 열중할 수 있었습니다. 당시 유럽에서는 광학(빛의 현상과 성질을 연구하는 물리학의 한 분과)이 발달하고 근대 과학이 움틀 무렵이라 연구가 순탄한 편이었습니다. 무엇보다 토스카나 대공을 만나는 행운이 있었기에 그 모든 것이 가능했다고 생각합니다.

장영실 나도 태종과 세종 임금이 아니었다면 동래 관청에서 허드렛일을 하며 일생을 보냈을 것이오. 세종 임금은 내 은인이라오. 그 도움으로 살아온 인생이 축복처럼 느껴지는구려.

갈릴레이 어르신과 저는 공통점이 참 많군요. 어르신은 제가 말년에 만들려고 했던 시계를 여러 개나 발명하지 않았습니까? 사람들이 얼마나 편리했겠습니까? 시간과 계절의 변화를 정확히 아는 것이야말로 생존의 기본 조건이 아닙니까?

장영실 자네는 역시 과학자답게 세상의 이치를 잘 아는구려. 자네와 내가 같은 시절, 같은 나라에 태어났더라면 분명 서로의 연구에 도움이 되는 서로의 은인이자 친구가 되었을 것 같구려. 허허허.

갈릴레이 하하하. 어르신을 만나 과학 연구를 함께했더라면 얼마나 좋았을까요? 안타깝습니다.